Meu Pai!

A Revelação Da Paternidade Espiritual

Rafael Mojica

Meu Pai: A Revelação Da Paternidade Espiritual

Todos os Direitos Reservados © 2024 por Rafael Mojica

Publicação Independente por Rafael Mojica

ISBN: 979-8-89589-404-0

Edição, Design de Capas & Interior: Benny Rodríguez (AcademiaDeAutores.com)

Categoria: Discipulado / Crescimento / Vida Cristã

Comentários

"Eu acredito firmemente que o século XXI será testemunha de um movimento global que levará o Corpo de Cristo de volta aos fundamentos das Escrituras. A paternidade é, indiscutivelmente, um desses fundamentos principais. Alguns, sem fundamentos, criticaram a paternidade, e embora certamente existam falhas ou abusos, isso não invalida sua verdade. Eu te pergunto: existiria uma moeda falsa se não houvesse uma verdadeira? Como você vê os filhos que Deus colocou sob seus cuidados, caro pastor? Como ovelhas e membros? Neste livro, o Apóstolo Rafael Mojica compartilha a revelação que o Pai lhe deu. Acredito que este livro em breve se tornará um manual de estudo que revolucionará a vida da Igreja. Recomendo-o de todo coração e sei que chegou no momento certo, quando os filhos de Deus estão prestes a se manifestar. Querido leitor, convido você a mergulhar nas profundezas e riquezas deste livro, com um coração sedento. Você será saciado!"

Apóstolo José Meléndez

Río Piedras, Porto Rico

"Uma verdadeira revelação do coração do Pai, capaz de destruir, derrubar e arrancar tudo o que o sistema religioso pode ter plantado em você. Esta verdade fará com que você não permaneça preso na ignorância. Seu conteúdo abrirá seus olhos e sua mente. Você entenderá o designo do Pai para sua vida e para suas gerações. Serão revelados os tesouros escondidos nas Escrituras, e eles transformarão sua caminhada. Você nunca mais será o mesmo."

Pastora Arlene Vázquez

Nación de Fe Bradenton, Flórida, EUA

"Paternidade não é uma moda, é um designo do Pai. Quando ouvi essas palavras do meu pai espiritual, o Apóstolo Rafael Mojica, nasceu em meu coração o desejo de aprender mais sobre o designo e seu significado. Através dos módulos, dos ensinamentos e do exemplo da paternidade, eu aprendi. Mas também vi como vidas foram curadas, libertas e restauradas. Obrigada, papai, porque sei que muitos, assim como eu, aprenderão e conhecerão este designo estabelecido por nosso Pai Celestial através deste livro."

Pastora Ruty Báez

Pastora associada Nación de Fe Main Campus

"Este livro é uma excelente ferramenta que te ajudará a entender o que realmente é uma paternidade saudável. Um designo do Pai que abençoará sua vida de uma maneira extraordinária."

Pastora / Profeta Xiomara Caro

Iglesia en la Calle Isabela, Porto Rico

"Este livro revela a paternidade de forma muito simples para que todos possam entendê-la. Conhecer a paternidade como designo despertará em você o desejo de recuperar tudo o que, por herança, pertence aos filhos. Alguns rejeitam a paternidade de maneira veemente, seja por más experiências com seus próprios pais, seja pelo desconhecimento de que é o designo do Pai. Em um mundo em constante mudança, cheio de confusão e medos, onde cada dia é um desafio, existe uma esperança: voltar ao designo original, o designo do Pai. Só assim podemos levantar gerações saudáveis. Recomendo este livro e sei, sem dúvida, que será uma grande bênção para sua vida e a de sua família."

Pastora Rocío Villalva

Nación de Fe Long Island, Nova York, EUA

"A paternidade não é uma moda nem uma invenção humana, tampouco está ligada a qualquer religião. A paternidade não se alia a nenhuma religião. É um retorno ao designo divino e eterno. Tudo foi perdido no início, quando o primeiro Adão, influenciado pela astúcia do inimigo, ficou fora de sua posição como filho. A situação se complicou ainda mais quando a religião se aliou a esse desastre. Não podemos ter a identidade de filhos sem a revelação da paternidade. Nestes últimos tempos, Deus está levantando homens com corações de pai, como os Apóstolos Rafael e Claribel Mojica, homens que não buscam ser estrelas, fama ou glória, mas que desejam investir tudo o que o Pai lhes concedeu em seus filhos, estabelecendo uma geração que clama 'preciso de um pai!' em sua posição de filhos e coerdeiros com Cristo. Hoje, somos testemunhas do cumprimento deste poderoso versículo: e ele converterá o coração dos pais aos filhos, e o coração dos filhos a seus pais; para que eu não venha, e fira a terra com maldição..' (Malaquias 4:6)

Apóstolos Elí e Paola Chávez

Monte Sinai Atlanta, Geórgia, EUA

Por muito tempo, não compreendi o Evangelho por falta de um modelo que me revelasse Jesus, o Messias. Através da paternidade, obtive o benefício que o primeiro Adão não teve, mas o segundo Adão, Jesus, teve. A paternidade é a bússola que revela a imagem do Pai na terra, por meio de modelos que seguem o exemplo de Jesus.

Pastor Eliezer Mojica

Nación de Fe Orlando, Flórida, EUA

"A paternidade existe para que os pais espirituais possam trazer à tona o melhor de seus filhos e sejam facilitadores nos assuntos do Reino. Os pais farão todo o possível para que os filhos alcancem ainda mais do que eles próprios alcançaram. Tenho certeza de que este livro, escrito por meu filho, o Apóstolo Rafael Mojica, será uma grande bênção e trará luz ao entendimento de muitos."

Apóstolo Valerie Swisher

Living Word Revival Center Carolina do Norte, EUA

"Não ser um filho correto e a falta de arrependimento levaram Geazi a perder o legado espiritual que, como filho, lhe pertencia. A falta de revelação pode fazer com que você perca o que, por herança, te pertence. Este livro te ajudará a conhecer o designo da paternidade através das Escrituras."

Pastora Edita Suárez

Nación de Fe Santo Domingo, República Dominicana

"A orfandade tentou acabar com o designo mais importante do universo, chamado paternidade. É por isso que, neste tempo, o Pai levantou um modelo genuíno de paternidade que, através deste livro, te revelará esse designo. A paternidade estabelecida colocará um fim a esse vírus chamado orfandade. Este livro mudará o rumo da sua vida."

Pastora / Profeta Keishla Lanauze

Nación de Fe Toa Alta, Porto Rico

"A vida está cheia de momentos e experiências que nos marcam, para o bem ou para o mal. O primeiro filho, Adão, foi formado de acordo com um designo, mas falhou. Embora isso tenha deixado uma marca, o Pai enviou seu único filho, o segundo Adão, como homem, para remover essa marca. Esse é o coração do Pai. A paternidade é revelada através de homens separados para manifestar a essência do coração do Pai. O Apóstolo Rafael Mojica é um desses homens, separado por Abba para libertar, restaurar e ativar o coração de muitos filhos que desconhecem sua posição. Este livro deve estar em todas as bibliotecas. Através dele e da revelação que contém, você poderá ver o designo e acessar tudo o que, como filho, lhe pertence."

Pastor / Profeta Héctor Cruz

Nación de Fe Nova York, EUA

Com a mesma relevância e importância da Pedra de Roseta, o Apóstolo Rafael Mojica nos apresenta esta obra, revelando o Designo Eterno da Paternidade para esta geração. Ele transmite o sentir do Pai e nos desafia a desfrutar das dádivas reservadas aos filhos. Esta é a obra paternal do século.

Pastor / Profeta Yannielle Ramos

Nación de Fe Fajardo, Porto Rico

"Este livro te ajudará a aprofundar e entender que a Paternidade Espiritual não é um ministério, mas um designo estabelecido pelo Pai desde o princípio. Prepare-se para ser liberto da orfandade que, por muitos anos, te impediu de crescer no ministério. Esta verdade revelada te impulsionará a reconhecer que não é saudável caminhar sem estar sob autoridade."

Pastor / Evangelista Bryan Caro

Iglesia en la Calle Isabela, Porto Rico

"Jamais imaginei que o designo da paternidade era real e que poderia transformar uma vida e suas gerações. Foi somente através da minha experiência que compreendi isso. Muitos me aplaudiam (mesmo em meu desordenamento), mas vi como a correção em segredo de um pai transformou minha vida. Hoje posso gritar aos quatro ventos que a paternidade é o designo original do Pai para transformar o homem."

Pastor / Profeta Alex Lanauze

Nación de Fe Toa Alta, Porto Rico

"'Padre Mío' é um livro que irá catapultar e transformar sua vida, já que todo designo requer um ambiente de legalidade e justiça. Meu amigo e irmão, o Apóstolo Rafael Mojica, foi chamado para levantar uma geração de sucessores com uma essência única e genuína, e para estabelecer filhos em princípios eternos revelados por Abba, com o objetivo de resgatar as gerações da orfandade."

Profeta Víctor Villamil

Familia de Reino Buenos Aires, Argentina

"A paternidade é o alinhamento entre pais e filhos. A Bíblia é clara quanto a esse designo: os filhos herdam através dos pais. Neste tempo, precisamos de filhos que compreendam que a função de um pai é levá-los a se tornarem pais para as futuras gerações. Através deste livro, meu filho, o Apóstolo Rafael Mojica, compartilha os princípios bíblicos para viver no designo da paternidade."

Apóstolo Steven Swisher

Living Word Revival Center Carolina do Norte, EUA

"O designo de paternidade, ensinado de forma clara e simples, me permitiu conhecer o coração do meu pai, viver em plenitude e fortalecer minha identidade. Esse designo revela o coração do Pai, posiciona você no seu lugar de governo e permite manifestar sua essência na terra. Este livro te ajudará a conhecer mais sobre o designo do Pai para os filhos."

Profeta Denisse Delgado

Nación de Fe Main Campus

"Durante nossa caminhada ministerial, encontramos pessoas que nos inspiram com suas palavras e ações. Por mais de doze anos, tenho testemunhado o Apóstolo Rafael Mojica transmitir uma mensagem clara, com autoridade e revelação, sobre o Reino e a Paternidade Espiritual. Seu coração arde por ver uma nova geração de filhos saudáveis operando em sua missão. Oro ao Pai para que este livro transforme sua vida, trazendo convicção ao seu coração."

Dr. Benny Rodríguez

Psicólogo Clínico & Mentor, REAL Internacional

Dedicação

Primeiramente, dedico este escrito ao meu Pai Eterno, a quem agradeço pela vida que me deu e pela bênção e privilégio de ser Seu filho. Agradeço pela responsabilidade que Ele colocou sobre meus ombros de poder escrever, pregar, ensinar e modelar Seu designo eterno. Estou profundamente grato pela confiança de poder ser Seu reflexo na terra.

Agradeço ao meu pai biológico, Rafael Mojica, por ser um exemplo do que deve ser um homem de oração e integridade. Obrigado por cuidar de mim e por me formar no temor ao Pai. Obrigado pelo seu exemplo. Eu te amo.

Agradeço também a quem foi minha mãe biológica, Carmen L. Atanacio, que embora hoje não esteja entre nós, e eu saiba que ela não poderá ler este livro, não pode me ver nem me ouvir, milhões de pessoas a ouvirão e a verão por meio de mim, dos meus filhos, dos meus netos e das minhas gerações. Seu sorriso, seu amor e seu carisma são parte da essência que hoje carrego comigo.

Agradeço ao meu Pai Eterno por ter me permitido nascer de um ventre tão abençoado quanto o da minha querida mamãe. Sempre a amarei.

Obrigado à minha amada e linda esposa por ser meu apoio, sustento e companheira nesta missão do Reino. Obrigado por acreditar em mim e nos projetos que juntos empreendemos. Agradeço profundamente por sempre dar o melhor de você e se entregar inteiramente à missão que o Pai nos confiou. Obrigado porque juntos conseguimos estabelecer e ensinar através do exemplo esse lindo designo. Obrigado por ser a mãe e o ventre que reproduz essa essência em nossa casa e no mundo. Eu te amo.

Obrigado aos meus filhos, Roxxana, Deuel e Jeff, por compreenderem tudo o que envolve este compromisso com o Reino. Agradeço porque cada um de vocês, em diferentes áreas, sacrificou algo para que possamos cumprir nossa missão. Obrigado por me amarem, por me compreenderem e por cuidarem de mim. Também agradeço por me darem quatro netos lindos: Azariel, Yannick, Derien e Yasser. Vocês são meu presente do Pai. Eu os amo loucamente.

Obrigado aos meus pais espirituais, os Apóstolos Steven e Valerie Swisher, por acreditarem em nós, nos cobrirem, nos aconselharem com sabedoria, nos apoiarem, cuidarem e amarem. Eu os amo.

Obrigado ao Profeta Gilberto Muñiz por ser o homem que o Pai utilizou para proclamar a palavra que hoje vemos cumprida neste ministério. Eu te amo.

Obrigado a cada filho espiritual e a toda a nossa equipe pastoral na Nação De Fé Main Campus e ao redor do mundo, pelo apoio e amor por nós. Eu os amo.

Obrigado a cada amigo e a cada pessoa que fez parte deste ministério. Eu os amo.

Índice

Prefácio

Dr. Rubén Arroyo

Ninguém possui o monopólio da revelação bíblica. Ela não é propriedade exclusiva de um concílio, denominação ou pregador carismático. O Espírito Santo é o administrador dos mistérios de Deus e da Sua revelação. E é Ele quem, em um ato soberano, abre os "olhos do nosso entendimento" (Efésios 1:18) para que possamos ver o invisível e compreender o que não pode ser ensinado de maneira natural.

Quando usamos o conceito de revelação, não nos referimos a uma visão mística ou a uma teofania pessoal. Referimo-nos, antes, ao ato soberano do Espírito de Deus, que afasta o véu da letra da Palavra para nos permitir acessar uma dimensão do pensamento divino contido naquela letra. Ou seja, a letra da Palavra carrega consigo o som de outro mundo, e só o Espírito Santo pode traduzir esse som para o nosso entendimento. Um mistério, portanto, não se refere a algo inexistente, mas a algo que precisa da intervenção do Espírito Santo para ser revelado.

A paternidade não é um conceito, mas um projeto. Não responde a uma tendência de moda, mas a um ato sobrenatural que restaura uma intenção original concebida na mente de Deus para estabelecer uma ordem multigeracional desde o princípio. No mundo natural, está relacionada ao papel do pai dentro daquele organismo vivo que chamamos de família. Contudo, toda verdade do mundo natural reflete uma verdade superior do mundo espiritual.

A paternidade não é exceção a esse padrão. Como é típico de toda verdade espiritual, elas são multidimensionais. Ou seja, uma verdade do Reino dos Céus não tem apenas um aspecto. Por exemplo, quando Jesus declara que já não chamaria Seus discípulos de servos, mas de amigos, essa nova dimensão de relacionamento não elimina a função básica de servir.

Toda verdade do Reino dos Céus se revela de forma progressiva, como um pergaminho que se desenrola apenas enquanto a maturidade do receptor daquela verdade lhe permite sustentar as implicações e responsabilidades que acompanham a revelação. O próprio Jesus confessou a Seus discípulos que eles ainda não estavam prontos para receber tudo o que Ele tinha para revelar (João 16:12).

No entanto, antecipou que o Espírito da Verdade os guiaria a toda a verdade e lhes lembraria o que Ele já havia ensinado (João 16:13-15). A revelação, portanto, é progressiva. Suas verdades são tão vastas e suas implicações tão transcendentes que nos chegam como peças de um glorioso quebra-cabeça, distribuídas entre diferentes partes do Corpo de Cristo.

Essas partes superaram um evangelho frio e dogmático, tornando-se tribos que funcionam intimamente como família e operam como um exército. O líder dessa tribo, cheia de revelação e manifestação, será o pai espiritual da mesma. A paternidade é uma dessas verdades marcadas por uma revelação progressiva, e não conheço ninguém que modele melhor esse projeto, que tenha recebido uma revelação tão ampla e que viva o design da paternidade de forma tão fiel quanto o Apóstolo Rafael Mojica.

Conheço mais de uma pessoa que fala, escreve e prega sobre paternidade, enquanto demonstra uma ambivalência seletiva que evidencia a presença de uma teoria sobre paternidade, mas não necessariamente sua revelação. Não questiono a sincera intenção, mas adio a conclusão sobre a correta revelação.

Como acontece com toda revelação parcial, existe o risco de mau uso ou abuso de uma verdade bíblica. O conceito de autoridade-paternidade, que andam de mãos dadas, não é exceção. Uma paternidade adulterada, uma identidade fragmentada e um caráter não processado eventualmente revelarão alguém que se lançou ao campo de jogo sem conhecer as regras. Esse não é o caso do autor deste livro. Eu posso atestar.

Rafael Mojica tem sido um amigo íntimo por muitos anos. Escrevo este prólogo não como um especialista em regras gramaticais ou em artes literárias, mas como uma testemunha de primeira fila. Rafael Mojica possui a revelação, a estrutura bíblica e a manifestação do projeto de paternidade e amalgamadas de forma extraordinária em um caráter processado.

Vive com uma integridade provada, uma sobriedade admirável, um ego crucificado, humildade de espírito e um concerto de filhos espirituais bem formados, equipados e empoderados, do coração do Autor desse glorioso projeto ao coração desse inestimável amigo do Criador.

Este livro chega até nós no momento certo. Escrito pela pessoa certa e do lugar certo do coração. Não o leia de forma recreativa. Tampouco o faça com pressa. Este livro não contém apenas princípios e conceitos teóricos sobre uma verdade escritural, mas a própria essência do coração de um homem que nasceu para isso e vive essa verdade em todo o seu esplendor.

Introdução

A maior pandemia que já atingiu e continua a atingir a terra se chama orfandade. A seguir, vejamos as estatísticas dos Estados Unidos sobre o que o governo denominou "The Fatherless Generation" (A Geração Sem Pais):

• 63% dos suicídios entre jovens vêm de lares onde faltou um pai (US Department of Health / Census), cinco vezes acima da média.

• 90% das pessoas sem-teto vêm de lares sem pai, 32 vezes acima da média.

• 85% das crianças com problemas de comportamento vêm de lares sem pai (Center for Disease Control), 20 vezes acima da média.

• 80% dos estupradores e pessoas com problemas de controle de raiva vêm de lares sem pai (Justice & Behavior, Vol. 14, p. 403-26), 14 vezes acima da média.

• 71% dos que abandonaram o ensino médio vêm de lares sem pai (National Principals Association Report), nove vezes acima da média.

Embora o governo esteja gritando essas estatísticas, a Igreja, que carrega a autoridade e a legitimidade para enfrentar essa situação, continua lutando com dogmas e argumentos sobre o designo do Pai para a humanidade. É hora de despertar e abrir nossas mentes para que se manifeste o desejo do Pai em relação aos Seus filhos. As ideias preconcebidas, os ensinamentos sem revelação, os conceitos humanos, as doutrinas, os grupos religiosos, a má interpretação das Escrituras, a falta de identidade e o desconhecimento do designo original do Pai têm sido obstáculos que nos impedem, como Igreja ou Corpo, de alcançar e manifestar o propósito pelo qual fomos formados e estabelecidos nesta terra.

A fome e o desespero por conhecer o fim também contribuíram para a falta de eficácia da Igreja. É lamentável ver como o esforço do Corpo tem se concentrado em se preparar para o fim, sem sequer entender sua origem e sua missão. Enquanto o foco estiver no fim, continuaremos perdendo o presente e o futuro. Se não houver clareza em nossa missão e identidade, não pode haver eficácia. Tudo está contido no princípio. Um fim correto será o resultado de um retorno ao início. Por essa razão, o Pai é o Alfa e o Ômega.

O sucesso que você alcança será determinado por quanto você conhece o coração do Pai e Sua intenção para com você. Sua essência sempre foi a paternidade; seu desejo é manifestar toda a Sua riqueza em e através de Seus filhos; nossa responsabilidade é reproduzir o que o Pai nos entregou.

Muitas pregações se concentram em apontar as consequências do Adão caído, em vez dos resultados que obtemos ao receber a genética do segundo e último Adão. Não é possível alguém se graduar em uma matéria que não completou. Somente voltando ao princípio podemos compreender o plano perfeito para o qual existimos. Por isso é vital conhecer o designo do Pai para a humanidade. Quando Deus criou todas as coisas, Ele o fez com uma intenção. Quando formou o homem, também o fez com uma intenção, e ambas estão conectadas. Viver de acordo com esse designo é viver plenamente; ignorá-lo é viver sem propósito.

O primeiro Adão foi formado e colocado no jardim como um filho. Lá, tudo estava sob seu domínio e governo. Suas capacidades e habilidades superavam o que conhecemos hoje. O segredo estava no seu designo e na sua essência de filho. Quando falamos de paternidade, não nos referimos apenas ao sexo masculino. Entendemos que no designo estão tanto o homem quanto a mulher, fundidos em um só. A semente é tão necessária quanto o ventre. Paternidade implica tanto o homem quanto a mulher, reproduzindo o coração do Pai na terra.

Convido você a conhecer o designo do Pai para você e suas gerações. Só assim você poderá viver em plenitude. Você é filho!

1

Desenho do Pai

A gradeço ao Pai pela oportunidade que me concede de ser um colaborador no Reino, e especialmente pela missão e responsabilidade que me entregou de pregar, ensinar, instruir, transmitir, modelar e escrever sobre o desenho da paternidade.

Nasci em um lar cristão, onde meus pais me ensinaram a temer a Deus. Ali, atuei como músico e participei ativamente nas sociedades de crianças, adolescentes e jovens. Aprendi muito sobre a Bíblia e as histórias que nela estão escritas. Amava a Deus com todo o meu coração, mas, ao mesmo tempo, eu O temia. Sim, você leu corretamente: não era um temor de respeito, era medo.

Falavam-me sobre o quão ruim era o diabo e o quão horrível era o inferno, mas, ao mesmo tempo, me ensinavam e pregavam sobre um Deus que estava à minha procura, buscando minhas falhas, erros e pecados para me julgar, me castigar ou "me cortar", como diziam comumente naqueles tempos.

Houve momentos na minha vida em que eu ia ao templo e saía chorando, assustado e preocupado por tudo o que ouvia sobre o desastre e a catástrofe que aconteceriam na terra, e sobre o iminente "arrebatamento" da igreja, que poderia acontecer naquela mesma noite ou a qualquer momento. O maior problema era que quase todos seríamos condenados a queimar no inferno por sermos pecadores. O medo me invadia só de pensar no que Deus poderia fazer comigo se eu falhasse.

Quero deixar claro que não estou dizendo que é permitido viver uma vida de pecado e libertinagem sem consequências, ou que não devamos prestar contas ao Pai por nossos pecados. Pelo contrário, acredito firmemente que devemos viver uma vida agradável a Ele, longe do pecado. Mas, quando falhamos, as Escrituras nos dizem:

"Meus filhinhos, estas coisas vos escrevo para que não pequeis; e, se alguém pecar, temos um Advogado para com o Pai, Jesus Cristo, o justo. E ele é a propiciação pelos nossos pecados e não somente pelos nossos, mas também pelos de todo o mundo." 1 João 2:1-2 (JFA)

A Escritura estabelece que devemos nos afastar do pecado, mas também é clara ao validar o sacrifício de Jesus Cristo e uma de suas funções: nos perdoar, ser nosso Advogado (Paracleto) e nos devolver à nossa posição original como filhos. Portanto, a imagem de Deus que me foi apresentada naquela época me afastava do desenho e do desejo do Pai para minha vida.

Precisamos entender e estabelecer a diferença entre o Pai Criador e o Pai Formador, entre o Deus após o pecado do primeiro Adão e o Pai que intencionou nos devolver ao estado original por meio do segundo e último Adão (Jesus Cristo).

A triste realidade é que, até hoje, muitos pregam, vivem e promovem a imagem do mesmo Deus que me apresentaram durante anos. Lamentavelmente, há mais "terroristas" nos altares de muitas igrejas do que em grupos de terrorismo mundialmente conhecidos. Eu os chamaria de "fariseus da graça": te julgam pela lei, mas se escondem sob a graça. Este sistema, que ainda opera em grande escala, é opressor e castrador, não muito diferente do grupo de religiosos que existia nos tempos de Jesus Cristo. Assim como eles faziam naqueles tempos, fazem agora.

Por isso, tudo o que o Pai estabeleceu como desenho, e que está sendo revelado neste tempo, é rejeitado por esse mesmo sistema. A função da igreja é estabelecer o desenho, refletir a imagem do Pai, governar, pregar e estabelecer o Reino dos céus aqui na terra, não enviar pessoas para o inferno. Lamentavelmente, o mundo tem sido saturado por pregações que não transmitem a essência da mensagem de Jesus Cristo. Fala-se e prega-se sobre tudo, menos sobre o Reino. Sabe por quê? A resposta é simples: não podem pregar nem falar sobre algo que não conhecem e que não lhes foi revelado. Eles realmente não entenderam o plano do Pai ao enviar Seu Filho à terra.

"Porque Deus enviou o seu Filho ao mundo, não para que condenasse o mundo, mas para que o mundo fosse salvo por ele."
João 3:17 (JFA)

Jesus, o Messias, sem pecado, não enviou ninguém ao inferno. Ele cumpriu sua missão, sabendo o propósito do Pai: nasceu sob a paternidade, estabeleceu o designo, instaurou o governo, trouxe o Reino e nos deu o exemplo como Filho.

Agora, o que nos cabe fazer? Assim como Jesus, devemos cumprir nossa missão e refletir a essência do Pai. A mesma misericórdia, o mesmo perdão e a mesma compaixão que recebemos, devemos aplicar em nossa vida e para os outros. Trabalhemos para cumprir a grande comissão no lugar de nossa missão:

"Portanto ide, fazei discípulos de todas as nações, batizando-os em nome do Pai, e do Filho, e do Espírito Santo; ensinando-os a guardar todas as coisas que eu vos tenho mandado; e eis que eu estou convosco todos os dias, até a consumação dos séculos." Mateus 28:19-20 (JFA)

A igreja fala de um Deus histórico, mas pouco conhece sobre o designo do Pai como Criador e Formador. Podemos conhecer e recitar de cor todas as histórias da Bíblia, mas continuar vivendo na mesma condição daqueles que não as conhecem. Não se trata de um debate sobre textos bíblicos, mas da aplicação deles na vida de cada ser humano. É crucial que se levante uma igreja com a identidade e a revelação do coração do Pai.

O primeiro que devemos entender é que o Pai nos desenhou com um plano maravilhoso. Cada um de nós tem uma missão a cumprir e uma área em que fluiremos. Lembre-se de que todos somos diferentes de maneira intencional, mas desenhados para caminhar e funcionar como parte do corpo de Cristo. Fomos formados pelo desejo e pela vontade do Pai; somos a sua obra-prima, seus filhos, sua descendência. Somos a manifestação da sua essência paternal.

Através do estudo das Escrituras, percebi que há uma maneira peculiar em que o Pai opera: sempre que Ele intencionou e intenciona algo, Ele o manifesta em e mediante um homem. O primeiro exemplo vemos no princípio, quando Ele quis estabelecer um filho que fosse semelhante a Ele e refletisse a sua imagem. Foi então que formou Adão, a quem também deu a instrução e a incumbência de governar a terra. Ele o estabeleceu como filho, mas com a intenção de que também se tornasse pai.

Após esse evento inicial, quando tudo se corrompeu e Ele quis preservar a humanidade do dilúvio, escolheu um pai chamado Noé. Quando quis estabelecer um pai na terra que manifestasse a sua essência, chamou a Abraão. Quando quis libertar o povo de Israel da escravidão, enviou um gago chamado Moisés. Também escolheu Moisés para estabelecer os seus mandamentos em tábuas e entregá-los ao povo. Quando quis salvar os espiões, usou uma prostituta chamada Raabe. Quando quis introduzir o seu povo na terra prometida, enviou Josué.

Quando quis conectar uma moabita chamada Rute com a genealogia do Messias, usou uma mulher chamada Noemi. Para julgar e ungir o rei sobre Israel, escolheu um homem chamado Samuel. Quando quis acabar com a humilhação que Golias e os filisteus causavam ao povo de Israel, enviou Davi.

Para estabelecer um homem que carregasse e manifestasse o espírito de paternidade e o transmitisse a outros na terra, enviou Elias. Quando quis estabelecer um modelo de honra, fidelidade e lealdade, concedendo uma porção dobrada, enviou Eliseu.

Quando quis falar do seu plano de redenção, escolheu Isaías, um profeta que anunciou a vinda do Messias e a salvação para todas as nações. E quando quis falar sobre restabelecer seu designo original através do espírito de Elias, enviou um profeta chamado Malaquias, que preparou o caminho para o arrependimento.

Quando quis preparar o caminho para o redentor e salvador do mundo, escolheu Zacarias para plantar uma semente no ventre de Isabel, e assim nasceu João Batista. E quando quis reconectar os servos e ovelhas ao designo de filhos e redimir o mundo dos seus pecados, escolheu uma mulher virgem chamada Maria, desposada com um homem chamado José, para serem os pais de um homem que se chamaria Jesus, o Messias.

Quando quis estabelecer um designo de expansão e multiplicação do Evangelho, Jesus, o Messias, escolheu doze homens. E quando quis estabelecer, através das Escrituras, o modelo do Evangelho da graça e da paternidade, escolheu Paulo.

Portanto, compreendi que tudo o que o Pai manifestou e manifestará na terra sempre será por meio de um homem ou de uma mulher. Durante muito tempo, se ensinou sobre um Deus que faz tudo, mas quando nos é revelado que Ele já fez tudo em sua eternidade e que só precisamos que seja manifesto em e mediante um Filho, então podemos descansar em seu designo.

"O que é já foi; e o que há de ser também já foi; e Deus pede conta do que passou." Eclesiastes 3:15 (ARC)

O Pai falou e estabeleceu sua eternidade e seu coração desde o princípio. Mesmo após o pecado do homem, sua intenção e seu plano não mudaram. Tudo o que Ele deseja e anseia estabelecer é através da relação entre pais e filhos. Portanto, prepare-se, pois o Pai te desenhou e te formou para manifestar-se aqui na terra.

2

Designo

Comecemos com o que aconteceu no princípio, quando o Pai criou todas as coisas, e a partir daí embarquemos nesta interessante e importante jornada através das Escrituras para conhecer o coração, o propósito eterno e o designo do Pai para o homem e a mulher, revelando Seu amor e cuidado. Vamos falar sobre Paternidade.

O Pai manifestou tudo o que vemos de duas maneiras: por meio da criação e da formação. Primeiramente, tudo foi criado, e do que foi criado, o Pai formou o homem. Para criar, basta uma palavra, mas para formar é necessário usar as mãos. A palavra pode criar à distância, mas a formação só pode ser feita de perto. A palavra é uma semente que se planta com a intenção de gerar fruto. Sempre há uma intenção por trás de uma palavra.

"No princípio, criou Deus os céus e a terra." Gênesis 1:1 (JFA)

O mundo e todas as coisas foram criadas em resposta à palavra do Deus Criador. Tudo estava conectado ao Seu desejo, à Sua intenção e ao Seu coração. Se olharmos os versículos seguintes, do dois ao vinte e cinco deste mesmo capítulo de Gênesis, vemos como, por meio da Sua palavra, todas as coisas foram sendo criadas. De fato, nos versículos onze e doze, a terra produziu vegetação, árvores e ervas como resposta à palavra que o Pai falou sobre ela.

"E disse Deus: Produza a terra erva verde, erva que dê semente, árvore frutífera, que dê fruto segundo a sua espécie, cuja semente esteja nela, sobre a terra; e assim foi.E a terra produziu erva, erva dando semente conforme a sua espécie, e árvore frutífera, cuja semente está nela, conforme a sua espécie; e viu Deus que era bom."
Gênesis 1:11-12 (JFA)

Ou seja, a terra tinha as árvores, a vegetação e as ervas encerradas dentro dela, mas precisava da ordem do Pai para que se manifestassem visivelmente. Há coisas que ainda não se manifestaram, que estão encerradas e prontas para serem liberadas; só precisam da voz de um pai que as faça emergir.

Muitas pessoas nascem, vivem e morrem com grandes chamados. Elas chegam à terra com uma missão específica, mas, por viverem em orfandade e não terem um pai que as guie, terminam suas vidas sem cumprir sua missão. Vejamos o versículo vinte:

"E disse Deus: Produzam as águas abundantemente répteis de alma vivente; e voem as aves sobre a face da expansão dos céus."
Gênesis 1:20 (JFA)

Aqui vemos que foi a palavra que deu a ordem para que as águas produzissem o que estava contido nelas: as aves e os peixes. Tudo estava lá, só faltava a ordem para que se manifestassem. Sigamos com o versículo vinte e quatro:

"E disse Deus: Produza a terra alma vivente conforme a sua espécie; gado, répteis e feras da terra, conforme a sua espécie; e assim foi."
Gênesis 1:24 (JFA)

Os animais estavam na terra que Ele havia criado; só precisavam da palavra para se manifestarem. Tudo era produto de uma palavra, ou seja, de uma semente. Tudo o que existe é fruto da boca do Pai. Se tivéssemos sido testemunhas de tudo o que aconteceu na criação, possivelmente teríamos pensado: "Tudo isso que foi criado, tão belo, com tantos detalhes, tanta riqueza, tanta perfeição, tanto cuidado, tanta abundância... para que é, por que, e para quem foi criado?".

É aqui que vemos a intenção e o coração do Pai Criador e Formador. Tudo isso estava sendo criado para que aos filhos não faltasse nada. Podemos ver claramente aqui o cuidado do Pai, e o mais interessante é que a Sua intenção e o Seu desejo não mudaram: continua sendo o mesmo desde o princípio, que Seus filhos governem e vivam em abundância.

Tudo faz parte de Seu designo. O cenário estava pronto: o ambiente, o oxigênio, o lugar para habitar, a alimentação, o sustento, a missão, a razão e o plano. Só faltava você. O próximo passo foi o som da voz do Pai, manifestando o desejo do Seu coração. O Pai fala a palavra, porque tudo o que existiu, existe e existirá sempre será precedido por uma palavra.

"Certamente o Senhor Jeová não fará coisa alguma, sem ter revelado o Seu segredo aos Seus servos, os profetas." Amós 3:7 (JFA)

Aqui vemos o Pai querendo refletir e manifestar Sua essência na terra que havia criado. Mas Ele não queria fazer isso através de algo, e sim através de alguém que pudesse se parecer com Ele, que refletisse Sua imagem e fosse o recipiente de Sua genética. E a única maneira de realizar isso era por meio de um filho. Por isso, a Escritura diz que Ele tomou do barro vermelho que havia criado com Sua palavra, e com Suas mãos formou e moldou o primeiro homem. Eu imagino essa cena: o Pai, depois de ter formado o homem, começa a contemplá-lo. Ele era belo. Tinha Suas características, Seus traços. No entanto, faltava algo: ele não tinha vida. Tinha forma, mas não tinha identidade. Então, o Pai se aproxima de seu nariz e insufla o fôlego de vida.

É nesse momento que o relato diz que o homem passou a ser uma alma vivente. O sopro do fôlego do Pai sobre o homem não fala apenas de vida, mas manifesta o mais precioso que o homem podia receber: a genética de seu formador, seu Pai. Quando um homem se une a uma mulher e se tornam um, ou seja, têm intimidade, e um espermatozoide fecunda um óvulo, começa a formação de uma criatura. Ali há genética envolvida. O tempo passa, e quando a criatura nasce, o pai vai ao cartório ou agência governamental correspondente de sua cidade e, no local indicado, reconhece perante as autoridades que o bebê que acabou de nascer é seu filho, e ele dá ao bebê seu sobrenome, ou seja, dá-lhe identidade e assume a responsabilidade de sustentá-lo, protegê-lo e cuidar dele. A forma de reconhecer e dar identidade a uma criatura que acaba de nascer é conceder-lhe legalidade e cidadania.

Todas as coisas foram criadas por uma palavra, no entanto, o homem foi o único que pôde conter a palavra dentro de si. Essa maneira de operar na terra é o designo do Pai. Por isso, embora Ele pudesse ter criado o homem da mesma forma que criou os animais, Ele não quis fazer assim, porque, do contrário, o homem seria um ser sem identidade, sem genética, sem autoridade para governar, órfão e completamente ilegal. Ao insuflar Seu fôlego no homem, o Pai estava colocando Sua genética nele, reconhecendo-o como filho e tornando-o legalmente herdeiro de tudo o que Ele havia criado sobre a face da terra.

Vamos tomar um momento para aprofundar no ato em que o Pai insufla em Adão. Pareceria ser um simples sopro de fôlego, mas, na realidade, nesse ato o homem estava recebendo o Espírito do Filho. Por isso as Escrituras estabelecem que o homem se tornou uma "alma vivente". Como podemos chegar a essa conclusão? As Escrituras dizem o seguinte:

"Saí do Pai, e vim ao mundo; outra vez deixo o mundo, e vou para o Pai." João 16:28 (ARC)

Jesus, o Messias, falou e disse: "outra vez deixo o mundo", dando a entender que Ele já havia estado no mundo e depois voltou para o Pai. A pergunta é: quando isso aconteceu? Lembremo-nos do que o Pai disse ao primeiro Adão quando lhe deu as instruções para não comer do fruto da árvore do conhecimento do bem e do mal, pois no dia em que comessem, certamente morreriam. Quando lemos o que aconteceu após comerem, percebemos que, embora continuassem respirando, no sentido espiritual eles já estavam mortos. Ou seja, o Espírito do Filho havia saído deles.

Em Gênesis 1:26, vemos o Pai dizendo:

"E disse Deus: Façamos o homem à nossa imagem, conforme à nossa semelhança." Gênesis 1:26 (ARC)

As palavras "à nossa imagem" e "conforme à nossa semelhança" revelam o desejo do coração do Pai. Ele queria refletir-Se, manifestar-Se, fazer-Se sentir e duplicar Sua essência na terra. Mas isso não seria através de algo, e sim de alguém, e esse alguém era um filho chamado Adão, que se tornaria o instrumento e o veículo para cumprir o desejo do Pai. Esse filho do Pai também se tornaria um pai na terra. Vejamos o que as Escrituras dizem:

"E disse o Senhor Deus: Não é bom que o homem esteja só; far-lhe-ei uma ajudadora idônea para ele." Gênesis 2:18 (ARC)

É importante observar a ordem dos acontecimentos na criação. Primeiro, vemos como os animais foram criados em pares, por exemplo, o boi com a vaca, o cavalo com a égua, o macaco com a macaca, o cão com a cadela, o galo com a galinha, e assim por diante. No entanto, ao observar a formação do ser humano, notamos que o Pai formou primeiro apenas um homem. Isso não foi acidental; havia uma razão para que não fossem formados ao mesmo tempo. O Formador tinha muito claro Seu plano e Sua intenção ao fazer isso dessa forma. Já se perguntou por quê? Aqui estabelecemos as razões:

1. O homem foi formado como filho do Pai, mas ao mesmo tempo com a intenção e a capacidade de ser, como seu Formador, um pai.

2. O homem é o único ser criado que carrega em seu interior sêmen, ou seja, semente. Portanto, o designo divino do Pai para trazer uma mulher à terra era através do sêmen ou da semente de um homem.

3. Na ordem divina, sempre é necessária uma semente para obter multiplicação e fruto.

4. O homem foi formado sozinho para que primeiro fosse filho. Se ambos tivessem sido formados simultaneamente, o homem teria sido colocado na posição de marido e pai sem antes ter sido filho.

5. Não há como ser pai sem antes ter sido filho.

"Então o Senhor Deus fez cair um sono pesado sobre Adão, e este adormeceu; e tomou uma das suas costelas, e cerrou a carne em seu lugar; e da costela que o Senhor Deus tomou do homem formou uma mulher, e trouxe-a a Adão." Gênesis 2:21-22 (ACF)

A mulher não foi formada da mesma maneira que o homem. Ela foi criada a partir da costela de Adão. Embora o homem tivesse sido formado da terra e fosse terra, ele possuía algo que a terra não tinha em sua essência: o sêmen. Por essa razão, o Pai fez com que ele caísse em um sono profundo, abriu seu lado e tirou uma costela para formar a mulher. Aqui testemunhamos o primeiro parto na história da humanidade: um homem chamado Adão "dando à luz" uma mulher por cesariana. Enquanto Adão dormia e parecia que nada estava acontecendo, o Pai estava retirando o melhor dele para permitir que ele se multiplicasse. Não se desespere nos capítulos de sua vida em que parece que nada está acontecendo ou que tudo está em silêncio, pois pode ser exatamente nesses momentos que o Pai está trazendo o melhor de você.

Outro ponto interessante é que o Pai abriu uma ferida em Adão para formar a mulher. Isso nos ensina que nem todas as feridas são ruins. Existem ocasiões em que o Pai permite uma ferida para trazer à tona o melhor de você, algo que nunca antes havia sido manifestado. Não se surpreenda com o que parece ser uma ferida, pois o Pai é especialista em transformar feridas em um caminho para a multiplicação daquilo que você é em essência.

No mundo natural, apenas o homem carrega o sêmen (semente), mas no mundo espiritual, a palavra é semente. Portanto, embora a mulher não carregue sêmen no natural, no espiritual ela é portadora de semente porque é portadora da palavra (semente). Infelizmente, em alguns lares, o homem só carrega o sêmen, mas é nesse momento que o Pai levanta uma mulher que carrega uma palavra para dimensionar seu lar e sua geração. Uma família não ficará à deriva por falta de palavra.

A intenção do Pai nunca foi criar uma divisão entre homem e mulher nem colocar a mulher em segundo plano. Ao contrário, Ele a tirou do homem para expô-la, para que estivesse ao seu lado, e não atrás. Sua intenção era e é que ambos sejam uma só carne. Por isso, quando o homem acordou de seu sono e viu a mulher que o Pai havia formado e entregado a ele, ele declarou:

"E disse Adão: Esta é agora osso dos meus ossos, e carne da minha carne; esta será chamada varoa, porquanto do varão foi tomada."
Gênesis 2:23 (ACF)

Aqui vemos um homem, formado pelas mãos do Pai, que agora está reproduzindo a essência do que recebeu. O homem que foi formado como filho agora se torna pai. Por isso, não vemos o

Pai soprar o fôlego de vida nas narinas da mulher, porque ela já carregava a vida que recebeu da semente de Adão. No mundo espiritual, isso tem um grande significado. Quando recebemos Yeshua, o Messias, em nossa vida, estamos recebendo a vida que está contida Nele e nos tornamos portadores de vida para os outros. Esse mesmo designo se aplica à paternidade. O Pai habilita pais que carregam Seu coração e Sua essência para gerar filhos no Reino.

A partir daquele momento, a mulher se torna o ventre que recebe a semente do homem para trazer vida à terra. É necessário entender o Designo do Pai. Podemos mudar, modificar ou estabelecer diferentes estilos, mas nunca devemos alterar Seu Designo, pois é o único que nos permitirá viver em plenitude.

3

Da Posição à Condição

O homem e a mulher foram criados para refletir a imagem do Pai e foram posicionados para cuidar e governar tudo o que havia sido criado. Eles tinham uma atribuição específica, de governar com autoridade e sabedoria divina, como se manifesta e expressa nas Escrituras, sendo responsáveis por multiplicar e expandir o Reino de Deus na Terra.

"E disse Deus: Façamos o homem à nossa imagem, conforme a nossa semelhança; e domine sobre os peixes do mar, e sobre as aves dos céus, e sobre o gado, e sobre toda a terra, e sobre todo réptil que se move sobre a terra." Gênesis 1:26 (ACF)

"E Deus os abençoou e lhes disse: Frutificai e multiplicai-vos, e enchei a terra, e sujeitai-a; e dominai sobre os peixes do mar, e sobre as aves dos céus, e sobre todo o animal que se move sobre a terra." Gênesis 1:28 (ACF)

O Pai formou e posicionou o homem e a mulher como filhos com várias atribuições:

1. Refletir a imagem do Pai na terra, ou seja, reproduzir a essência do que o Pai é.

2. Exercer domínio sobre tudo o que foi criado, estabelecendo o Reino dos céus na terra.

3. Frutificar e multiplicar-se, reproduzindo o designo de pais e filhos por toda a terra.

4. Encher a terra e governá-la.

A intenção do Pai foi, é e sempre será usar um homem na terra para refletir sua essência. Através das Escrituras, podemos perceber um fato interessante sobre a maneira como o Eterno opera: Ele usa um homem para que se torne pai de outro homem com quem não está relacionado sanguinamente, mas que está destinado a ser seu filho, conforme o plano que o Pai traçou.

Vejamos alguns exemplos: o primeiro é em Gênesis, quando o Pai dá a palavra a Abrão e o faz saber que ele foi escolhido para ser pai de nações. Depois, vemos Moisés, que foi escolhido para impartir em Josué. Temos também Elias como um modelo de paternidade, ao impartir uma porção dobrada de seu espírito sobre Eliseu. Yeshua também impartiu em seus discípulos, e Paulo em Timóteo, Tito e Onésimo. De fato, quando o Pai decidiu reconectar o homem consigo e lhe dar salvação, enviou Seu filho, Yeshua, o Messias. Estes são apenas alguns dos muitos exemplos encontrados nas Escrituras, e falaremos sobre eles nos próximos capítulos.

Com isso, quero enfatizar algo: ao contrário do que talvez tenhamos aprendido, de que não somos necessários ou que somos insignificantes, o Pai sempre usou o homem para cumprir Seus propósitos na terra. Portanto, levante-se e assuma sua posição, pois você faz parte do plano do Pai aqui na terra.

Tudo o que foi criado foi colocado sob o governo do homem, e isso inclui o diabo, pois ele também foi criado. Após dar as atribuições, o Pai deu uma ordem muito clara ao homem para que ele a transmitisse à sua esposa:

"E tomou o Senhor Deus o homem, e o pôs no jardim do Éden para o lavrar e o guardar. E ordenou o Senhor Deus ao homem, dizendo: De toda árvore do jardim comerás livremente, mas da árvore do conhecimento do bem e do mal, dela não comerás; porque no dia em que dela comeres, certamente morrerás." Gênesis 2:15-17 (ACF)

O Pai estabeleceu o homem em sua posição de filho no jardim, para que ele fosse o mordomo do lugar, e depois lhe deu uma ordem "dizendo". Embora a mulher não estivesse fisicamente presente quando Adão recebeu a instrução, a palavra "dizendo" tem a intenção de ser comunicada às gerações futuras. Já a palavra "disse" é destinada apenas à pessoa que está sendo instruída naquele momento. Portanto, a instrução foi dada a Adão, mas foi transmitida por ele à sua esposa quando ela foi formada e colocada ao seu lado. Tudo estava em ordem.

Não sabemos quanto tempo se passou desde que a mulher foi formada até o dia em que a serpente apareceu em cena para iniciar uma conversa desnecessária, astuta, manipuladora e maliciosa com a mulher. Provavelmente, não foi uma conversa de um só dia ou de uma só vez; é possível que tenham ocorrido várias conversas entre a mulher e a serpente. Às vezes, o inimigo opera de forma sutil, usando o que parece inofensivo para desviar ou desestabilizar um filho com um destino. Portanto, tenha cuidado com quem você estabelece conversas, para que você não esteja se relacionando com uma serpente sem perceber.

"Ora, a serpente era mais astuta que todas as alimárias do campo que o Senhor Deus tinha feito. E esta disse à mulher: É assim que Deus disse: Não comereis de toda árvore do jardim? E disse a mulher à serpente: Do fruto das árvores do jardim comeremos, mas do fruto da árvore que está no meio do jardim, disse Deus: Não comereis dele, nem nele tocareis para que não morrais. Então a serpente disse à mulher: Certamente não morrereis. Porque Deus sabe que no dia em que dele comerdes se abrirão os vossos olhos, e sereis como Deus, sabendo o bem e o mal." Gênesis 3:1-5 (ACF)

Aqui, pela primeira vez, o diabo aparece em cena, após ser expulso e ficar "desempregado". Em minha opinião, parece que ele não suportou ver que o Pai havia formado dois filhos belos, aos quais havia dado autoridade e governo sobre toda a criação, e que os havia plantado no jardim para viverem como reis, sem que nada lhes faltasse.

O primeiro aspecto que notamos na conversa é uma mentira. A serpente diz à mulher algo que o Pai nunca disse a Adão: "que não podiam comer de nenhuma árvore". No entanto, o que havia sido instruído era que podiam comer de todas, exceto de uma. Em segundo lugar, a serpente diz que não morreriam se comessem da árvore, contrariando a instrução do Pai, que claramente afirmou que no dia em que comessem, certamente morreriam. Terceiro, a serpente afirma que no dia em que comessem, seriam como Deus, quando, no projeto original, já haviam sido criados à semelhança de Deus.

Aqui vemos um princípio importante: o diabo não tinha autoridade alguma. Por essa razão, quando a serpente aparece, ela não dá uma ordem ou instrução, mas age de maneira sutil e sedutora. Ela sabia que não tinha autoridade e reconhecia que o homem e a mulher haviam sido designados como governantes sobre todas as coisas: a terra, os animais e toda a criação, inclusive sobre ela. É crucial entender este princípio: o diabo não pode tirar nada que você não lhe entregue voluntariamente, pois ele não tem legalidade nem autoridade para isso.

Havia uma ordem, uma instrução e um resultado. Não se tratava simplesmente de ficarem nus; haveria consequências que impactariam a humanidade de maneira geracional. Ao examinar as Escrituras, vemos que o designo através do qual o Pai opera é geracional. Fomos estabelecidos com tanta bênção e com um propósito tão grande e extenso que uma única geração não seria suficiente para concretizá-lo e vê-lo cumprido plenamente. É um designo de pais e filhos.

"E viu a mulher que aquela árvore era boa para se comer, e agradável aos olhos, e árvore desejável para dar entendimento; tomou do seu fruto, e comeu, e deu também a seu marido, e ele comeu com ela. Então foram abertos os olhos de ambos, e conheceram que estavam nus; coseram folhas de figueira, e fizeram para si aventais.

E ouviram a voz do Senhor Deus, que passeava no jardim pela viração do dia; e escondeu-se Adão e sua mulher da presença do Senhor Deus, entre as árvores do jardim. E chamou o Senhor Deus a Adão, e disse-lhe: Onde estás? E ele disse: Ouvi a tua voz soar no jardim, e temi, porque estava nu, e escondi-me. E Deus disse: Quem te mostrou que estavas nu? Comeste tu da árvore de que te ordenei que não comesses? Então disse Adão: A mulher que me deste por companheira, ela me deu da árvore, e comi." Gênesis 3:6-12 (ACF)

Vamos examinar estes versículos para entender o que aconteceu. A mulher começou a acreditar no que a serpente lhe dizia, e aqui vemos o desenrolar de várias situações. Primeiro, a mulher inicia uma conversa com a serpente, que deveria estar sob seu governo. Segundo, ela começa a dar como verdade o que a serpente diz. Como consequência, agora vê como bom aquilo que o Pai havia proibido a Adão e a ela.

Uma instrução do Pai sempre será para o nosso bem. É melhor um "não" do Pai que te faça chorar, do que um "sim" de alguém que te leve à morte. Terceiro, quando isso aconteceu e a conversa se deu, a mulher estava sozinha, desconectada de sua cabeça, Adão, de quem havia saído, fora de sua área de proteção. Após tomar o fruto, ela o levou ao homem, e ele também comeu. Aqui vemos a sutileza do inimigo: ele separou a mulher de sua cabeça para convencê-la e, depois, usou a mulher para que o homem também comesse. Teria sido mais difícil se a conversa tivesse ocorrido com os dois juntos.

"E, se alguém quiser prevalecer contra um, os dois lhe resistirão; e o cordão de três dobras não se quebra tão depressa."
Eclesiastes 4:12 (ACF)

Imediatamente vemos as consequências da desobediência. Seus olhos se abriram, e eles perceberam que estavam nus. Isso não parecia um problema difícil de resolver, então buscaram folhas de figueira, as coseram e se cobriram. Aos seus próprios olhos, tudo parecia resolvido, mas não era assim. Enquanto se escondiam, ouviram a voz do Pai que os havia formado e instruído, e tentaram se esconder entre as árvores do jardim.

É então que o Pai pergunta ao homem: Onde estás? Pode parecer que o Pai não sabia onde estavam, mas, na verdade, Ele não estava perguntando sobre sua localização física, e sim fazendo uma pergunta mais profunda. Sua intenção era saber se o homem havia percebido que, devido à sua ação, havia entrado na condição de pecado e perdido sua posição de filho e de governo. Eles sempre estiveram nus, seus olhos sempre estiveram abertos, mas ao pecarem, ficaram expostos. O Pai já não os cobria; eles voluntariamente abandonaram sua posição de governo. Agora, já não governavam todas as coisas, mas o pecado os governava. Por isso, buscaram como se cobrir com folhas de figueira.

Esta situação não é apenas do passado. Hoje, muitos podem estar caminhando na mesma condição de nudez. Não se trata de estar sob a "cobertura" de determinado concílio ou denominação, porque isso não fazia parte nem do designo original nem do de Yeshua, o Messias. Trata-se de estar sob paternidade. É ter pais na terra que possam ver além da sua condição atual, que possam ver sua posição, mesmo que temporariamente você a tenha perdido. É uma questão espiritual que não se resolve com com folhas, alianças ou filiações, mas entrando no designo. Hoje é um excelente dia para recomeçar.

"Sua condição não pode mudar sua posição, mas sua posição pode transformar sua condição".

Em seguida, vemos que Adão, quando o Pai lhe pergunta sobre o que havia feito, responde: "A mulher que me deste". No entanto, a responsabilidade era dele. Ele era o pai designado para governar e prestar contas. Quando a mulher é questionada, ela responde: "A serpente". Ninguém quis assumir a responsabilidade, mas isso não os eximiu das consequências.

Muitos tendem a culpar a mulher por tudo o que aconteceu, mas quando examinamos as Escrituras, percebemos que, na ordem da criação, Adão foi o primeiro, e foi a ele que o Pai deu a tarefa de nomear todos os animais. Ou seja, foi Adão quem deu nome à serpente e a apresentou à mulher. Esta situação se repete ao longo dos anos. É muito difícil encontrar pessoas que assumam a responsabilidade por seus atos. É mais fácil culpar os outros, o diabo, ou até mesmo a Deus, pelo que nos acontece.

No entanto, a realidade é que, na maioria das vezes, o que vivemos hoje, e ainda mais o que nossos filhos e gerações vivem, é consequência das decisões que tomamos ontem. Muitas pessoas vivem hoje carregando a genética do primeiro Adão, culpando a todos, mas sem querer assumir a responsabilidade por suas más decisões. É crucial entender que toda decisão que tomamos afeta nossas gerações.

A seguir, vemos Deus Pai pronunciando seu julgamento sobre o ocorrido, emitindo a primeira palavra profética no Antigo Testamento, anunciando o Messias que viria e destacando as consequências de terem abandonado sua posição para entrar na condição de pecado. Também vemos a sentença sobre a serpente e sua descendência, com o Filho de Deus esmagando a cabeça do diabo.

"Então o Senhor Deus disse à serpente: Porquanto fizeste isto, maldita serás mais que toda a besta e mais que todos os animais do campo; sobre o teu ventre andarás, e pó comerás todos os dias da tua vida. E porei inimizade entre ti e a mulher, e entre a tua semente e a sua semente; esta te ferirá a cabeça, e tu lhe ferirás o calcanhar.

E à mulher disse: Multiplicarei grandemente a tua dor, e a tua conceição; com dor darás à luz filhos; e o teu desejo será para o teu marido, e ele te dominará. E a Adão disse: Porquanto deste ouvidos à voz de tua mulher, e comeste da árvore de que te ordenei, dizendo: Não comerás dela; maldita é a terra por tua causa; com dor comerás dela todos os dias da tua vida. Ela te produzirá espinhos e cardos, e comerás a erva do campo. No suor do teu rosto comerás o teu pão, até que te tornes à terra, porque dela foste tomado; porquanto és pó e em pó te tornarás.

E chamou Adão o nome de sua mulher Eva; porquanto era a mãe de todos os viventes." Gênesis 3:14-20 (ACF)

O destino, a forma, a maneira de viver, de se alimentar e de se multiplicar mudaram num instante, tudo por desobedecer ao Pai e sair do designo.

4

Ovelhas e Servos

Neste capítulo, falaremos sobre a transição e o estado em que o homem ficou quando, livre e voluntariamente, entregou e perdeu sua posição e começou a viver na condição de pecado. Este é um assunto que não afetou apenas aquele momento da vida do homem, mas, lamentavelmente, até hoje centenas de milhões de pessoas continuam vivendo da mesma maneira e sofrendo pelas mesmas razões. Após o Pai pronunciar a sentença sobre o homem e a serpente, algo muito interessante acontece:

"E fez o Senhor Deus a Adão e a sua mulher túnicas de peles, e os vestiu." Gênesis 3:21 (ACF)

Neste versículo, vemos a primeira manifestação da graça diante do pecado do homem. O Pai poderia ter deixado o homem na condição em que ele, por sua própria decisão, havia caído, mas Ele não o fez. Mais do que isso, manifestou amor e misericórdia. Nesse ato, foi estabelecida a primeira palavra profética que daria início à manifestação de Seu Filho. Mas o Pai não apenas falou sobre o plano redentor, Ele também revelou Seu coração paternal. O homem e a mulher haviam feito aventais de folhas de figueira para se cobrirem, estavam desesperados porque sua ação havia aberto a porta para sair da dimensão de filhos e, ao mesmo tempo, entrar na condição de servos.

O texto nos mostra o que o Pai fez para cobri-los de maneira temporária enquanto chegava o tempo em que eles não apenas seriam cobertos, mas receberiam uma transfusão de sangue e genética de forma final e permanente. Foi realizado o primeiro sacrifício de animais para cobrir o pecado do homem. Uma ovelha foi sacrificada, houve derramamento de sangue, e o próprio Pai preparou túnicas com as peles para cobrir o homem e a mulher. A partir daí, começamos a ver o homem tomando a identidade de ovelha, a identidade daquilo que o cobria. Agora, devido ao pecado e à perda de sua posição, eles não são mais filhos, mas ovelhas e servos.

É crucial entender este ponto: você toma a identidade daquilo que o cobre. Por isso, é muito importante compreender que a posição designada no Reino não é negociável. Cuidado com as soluções temporárias, pois elas podem acabar lhe dando uma identidade que não é sua de verdade. O maior problema é que a mentalidade daqueles que hoje se congregam na maioria das igrejas cristãs evangélicas ao redor do mundo está condicionada à linguagem de servos e ovelhas. Em muitos dos lugares que visito, tenho que estabelecer princípios bíblicos para romper com essa mentalidade religiosa e tradicional.

Vejamos o que as Escrituras dizem em um dos versículos mais conhecidos e usados:

"Porque Deus amou o mundo de tal maneira que deu o seu Filho unigênito, para que todo aquele que nele crê não pereça, mas tenha a vida eterna." João 3:16 (ACF)

Observemos que este versículo fala sobre a ação do Pai para resgatar o homem e livrá-lo da morte, e Ele o faz por meio de um Filho. Mas não é qualquer Filho, é o Seu único Filho. A pergunta que devemos fazer é: se o mundo estava cheio de pessoas, por que diz que Deus entregou Seu único Filho? O que era o restante da humanidade? A resposta é que o restante da humanidade estava na condição de servos e ovelhas. O Pai só tinha um Filho, que viria como o segundo Adão: Jesus, o Messias. Todos estávamos destinados a ser filhos, mas nos desviamos. Estávamos mortos em nossos delitos e pecados. Respirávamos, mas não tínhamos vida. Por isso, Romanos diz:

"Porquanto aos que de antemão conheceu, também os predestinou para serem conformes à imagem de Seu Filho, a fim de que Ele seja o primogênito entre muitos irmãos." Romanos 8:29 (ACF)

A condição do pecado nos desligou de nossa posição de filhos. O Pai só tinha uma opção para resolver a condição do homem, e essa opção era Seu único Filho: Jesus, o Messias, que viria como o segundo Adão. Aqui vemos como o unigênito vem à terra para ser o Filho do sacrifício, dar Sua vida, derramar Seu sangue, e depois ser ressuscitado para nos tirar da condição de servos e ovelhas, e nos reposicionar como filhos. Ele deixa de ser o unigênito para se tornar o primogênito.

Agora, já não estamos cobertos com pele de ovelha, como no princípio, nem é o sangue de uma ovelha que foi derramado, mas o de um Filho que tomou o nosso lugar, nos redimiu, nos lavou, e recebemos Sua transfusão de sangue. Celebre, pois já não és ovelha nem servo, mas és filho.

"Veio para o que era seu, e os seus não o receberam. Mas a todos quantos o receberam, deu-lhes o poder de serem feitos filhos de Deus, aos que creem no seu nome; os quais não nasceram do sangue, nem da vontade da carne, nem da vontade do homem, mas de Deus." João 1:11-13 (ACF)

Claramente podemos ver que o propósito do Pai ao enviar Seu Filho não era apenas para a salvação, mas também para devolver o homem ao estado original, onde ele governava sobre tudo e era governado apenas pelo Pai. Avançar não está sujeito à nossa direção, mas sim à do Pai. O homem havia seguido seu próprio caminho, mas agora, através de Jesus, o Messias, ele tem a oportunidade de retomar o caminho para a dimensão do Éden. Ser filho não é apenas uma palavra, realmente é um poder, uma posição, identidade, herança, destino, autoridade, ordem e legalidade. É o designo do Pai.

"Mas, antes que viesse a fé, estávamos guardados debaixo da lei e encerrados para aquela fé que havia de se manifestar. De maneira que a lei nos serviu de aio, para nos conduzir a Cristo, para que pela fé fôssemos justificados. Mas, depois que a fé veio, já não estamos debaixo de aio. Porque todos sóis filhos de Deus pela fé em Cristo Jesus.

Porque todos quantos fostes batizados em Cristo já vos revestistes de Cristo. Nisto não há judeu nem grego; não há servo nem livre; não há macho nem fêmea; porque todos vós sois um em Cristo Jesus. E, se sois de Cristo, então sois descendência de Abraão e herdeiros conforme a promessa." Gálatas 3:23-29 (ACF)

Após o pecado, tudo mudou. O homem deixou de governar para ser governado e foi colocado sob um tutor chamado "lei", com o objetivo de demonstrar nossa condição pecaminosa e nos conduzir ao Messias para sermos justificados pela fé Nele. Depois da vinda do Messias, todos temos a oportunidade de recebê-Lo, retomar nossa posição de filhos e deixar para trás a cobertura de ovelhas para sermos revestidos por Cristo. Somente assim retomamos nossa identidade, posição, autoridade espiritual, comunhão com o Pai e a capacidade de cumprir o propósito original estabelecido para a humanidade.

"Digo, pois, que, enquanto o herdeiro é menino, em nada difere do servo, ainda que seja senhor de tudo; mas está debaixo de tutores e curadores, até o tempo determinado pelo pai. Assim também nós, quando éramos meninos, estávamos reduzidos à servidão debaixo dos primeiros rudimentos do mundo.

Mas, vindo a plenitude dos tempos, Deus enviou Seu Filho, nascido de mulher, nascido sob a lei, para remir os que estavam debaixo da lei, a fim de recebermos a adoção de filhos. E, porque sois filhos, Deus enviou aos vossos corações o Espírito de Seu Filho, que clama: Aba, Pai. Assim que já não és mais servo, mas filho; e, se és filho, és também herdeiro de Deus por Cristo."
Gálatas 4:1-7 (ACF)

A chegada daquele que era o unigênito de Deus naquele momento, nascido sob legalidade e debaixo da lei, em um mundo cheio de servos e ovelhas, não trouxe apenas salvação, mas também liberdade, legalidade e identidade para os que viviam sem esperança no mundo. Além disso, trouxe redenção para nos libertar dessa condição e nos conceder a adoção de filhos. Por isso é tão importante receber a revelação da paternidade. Se não conseguirmos nos ver como o Pai nos vê, não poderemos cumprir nossa missão na terra. Enquanto continuarmos vendo as igrejas como currais de ovelhas e refúgios para servos, nunca poderemos viver e herdar na dimensão de filhos. Se Jesus, o Messias, não nos chama de servos, por que permitimos que outros o façam?

"Já vos não chamarei servos, porque o servo não sabe o que faz o seu senhor; mas tenho-vos chamado amigos, porque tudo quanto ouvi de meu Pai vos tenho feito conhecer." João 15:15 (ACF)

Durante anos, ouvimos muitos se chamarem de "servos" e chamarem a outros dessa forma, por meio de uma humildade falsa e mal estabelecida. No entanto, isso despreza e minimiza o sacrifício, a morte e a ressurreição de Jesus, o Messias, que tinha como objetivo nos libertar dessa condição. Alguns mencionam o fato de que o apóstolo Paulo se referiu a si mesmo como servo, mas devemos considerar como foi a vida de Paulo antes de conhecer Jesus, o Messias. Em sua vida como Saulo, ele era perseguidor e maltratava os seguidores de Jesus. Apesar de ter se arrependido, sua maldade passada o levava a menosprezar-se em certas ocasiões. No entanto, nunca falou isso como um mandamento, mas sim como algo pessoal.

Para mim, o que Jesus disse é mais importante do que a opinião de Paulo. Assim, a partir de agora, assuma sua posição. O tempo dos servos acabou; agora somos filhos, e se somos filhos, também somos herdeiros. Sabemos claramente que Jesus, o Messias, veio para servir e não para ser servido, mas Ele sempre serviu desde Sua posição de Filho. O serviço é uma parte essencial da vida de cada pessoa que conheceu Jesus, mas é fundamental servir com a identidade e a consciência de filhos.

"Porque os meus pensamentos não são os vossos pensamentos, nem os vossos caminhos os meus caminhos, diz o Senhor. Porque assim como os céus são mais altos do que a terra, assim são os meus caminhos mais altos do que os vossos caminhos, e os meus pensamentos mais altos do que os vossos pensamentos." Isaías 55:8-9 (ACF)

5

Instrução + Obediência = Preservação

Depois da queda em pecado, a humanidade continuou a se multiplicar e a se expandir sobre a terra, mas não mais à imagem do Pai, e sim à imagem do homem, marcada pelo pecado. Passaram-se dez gerações desde o dia em que Adão foi formado até a aparição de um homem chamado Noé.

"E viveu Lameque cento e oitenta e dois anos, e gerou um filho; e chamou o seu nome Noé, dizendo: este nos consolará acerca de nossas obras e do trabalho de nossas mãos, por causa da terra que o Senhor amaldiçoou. E viveu Lameque, depois que gerou a Noé, quinhentos noventa e cinco anos, e gerou filhos e filhas. E foram todos os dias de Lameque setecentos setenta e sete anos, e morreu. E era Noé da idade de quinhentos anos, e gerou Noé a Sem, Cão e Jafé."
Gênesis 5:28-32 (JFA)

O significado do nome "Noé" é: descanso, paz, consolo, ou "aquele que é consolado". Lameque, o pai de Noé, disse sobre ele: "este nos consolará do nosso trabalho e do cansaço de nossas mãos, por causa da terra que o Senhor amaldiçoou". Após gerar Noé, Lameque viveu quinhentos noventa e cinco anos, totalizando setecentos setenta e sete anos de vida. Esse número não é apenas uma grande quantidade de anos, mas simboliza o completo e o perfeito, três vezes "7".

O Pai havia determinado que uma nova geração se levantaria, estabelecendo um novo tempo por meio de um homem que vivia em justiça. É importante notar que o Pai não considerou o ambiente ao redor de Noé, mas sim a justiça com que ele vivia. Após gerações de maldade, o Pai trouxe à terra um homem justo chamado Noé. Parecia um nascimento comum, mas, na realidade, Noé era a esperança para preservar a palavra que o Pai havia pronunciado após a queda e o pecado do homem. Tudo o que o Pai decidiu fazer sempre foi e será por meio de um filho que se torna pai.

Você, que está lendo, talvez pense que seu nascimento foi apenas mais um, como tantos outros. Mas a verdade é que o Pai te planejou de forma única para fazer parte de Seu plano paternal neste tempo específico. Quando o Pai dá uma palavra, Ele se compromete a cumpri-la. Por isso, Noé, um homem justo, encontrou algo que outros não encontraram: a manifestação da graça e do favor do Pai, destinada àqueles que caminham em obediência e aliança com Ele.

"Noé, porém, achou graça aos olhos do Senhor." Gênesis 6:8 (JFA)

O Pai estava determinado a preservar Noé, sua esposa e seus filhos. É importante observar que, embora todos em sua casa fossem salvos, o Pai falou apenas com Noé, pois ele era o pai daquela família. Um grande dilúvio viria para pôr fim à humanidade, e seria universal. O Pai começou dando a Noé as instruções para a construção de uma enorme embarcação, onde ele, sua família e os animais permaneceriam enquanto as águas cobrissem a terra.

Para muitos, isso poderia ter sido apenas uma instrução, mas, para Noé, era um chamado para agir em algo que nunca havia acontecido antes. Naquele tempo, nem sequer chovia; a terra era regada por um orvalho. Ou seja, o Pai pediu a Noé que construísse uma arca para protegê-los de um dilúvio em um lugar onde nunca havia chovido. Apesar disso, Noé ouviu atentamente as instruções e começou a construção.

Não havia espaço para improvisações; o designo era perfeito e exato. Nunca desconsidere a instrução de um pai. Foi um longo período. Alguns estudiosos afirmam que Noé levou 100 anos para construir a arca, outros dizem que 120 anos, mas o fato é que foram muitos anos em que Noé e sua família precisaram acreditar e construir por obediência. Alguns eruditos sugerem que Noé construía apressadamente durante o dia, mas à noite desmontava parte do que havia construído, pois havia um tempo determinado pelo Pai para a construção e o dilúvio.

Os verdadeiros filhos não se apressam em seu chamado, não correm atrás de oportunidades aparentes nem se adiantam aos tempos; eles sabem ouvir a instrução de um pai para serem preservados. Não se trata de velocidade, mas de seguir as instruções e cumprir o plano estabelecido. Se Noé se adiantasse, significaria que seus filhos, que traziam a madeira e os materiais, também estariam centrados e focados em trabalhar junto ao pai para concluir a missão e a tarefa da construção.

É muito claro ver na história de Noé como o Pai volta a usar o mesmo modelo que no princípio: um pai para estabelecer Seu propósito. Primeiro Adão, agora Noé. Há algo que devemos manter, e isso é o foco, a fidelidade e a lealdade aos pais que o Eterno nos designou para nos formar e nos guiar ao nosso destino. O Pai estabeleceu e levantou pais neste tempo, e o que falta são filhos que entendam que é tempo de trazer "madeira" para construir e estabelecer os fundamentos da paternidade responsável para as gerações futuras.

O que preservou Noé e sua família foi a integridade e a obediência de um pai. Da mesma forma, o que preservará nossas gerações será a obediência em seguir o designo da paternidade, conforme foi estabelecido desde o princípio. Havia uma mãe, filhos e noras que foram preservados pela instrução que o Eterno deu a um pai. Às vezes, como no caso de Noé, as instruções de um pai podem parecer ilógicas, mas de algo tenho certeza: neste tempo, o Eterno usará Seu designo de paternidade para trazer ordem, formação e destino a Seus filhos na terra.

As instruções serão claras, mesmo que o que te foi ordenado possa parecer absurdo ou sem sentido. Não entender não será uma desculpa para não agir. Tenho certeza de que Noé pensava que a arca serviria de refúgio para a chuva, mas nunca imaginou que ela flutuaria. Lembre-se de que, para mim e para você, ver barcos é algo comum, mas no tempo em que o Pai falou a Noé, os barcos não existiam. Portanto, a maior surpresa foi quando, em meio à chuva que caía pela primeira vez e à água que brotava da terra que se abriu, a enorme construção começou a se mover e a flutuar. Que surpresa eles tiveram!

Ser obediente te fará flutuar onde tudo o mais afunda. A instrução, seguida de obediência, te preservará.

6

A Necessidade de um Pai na Terra

Após o pecado, toda a terra sofreu grandes e profundas mudanças. O homem, criado à imagem e semelhança do Pai, e a mulher, formada a partir do homem, tinham o propósito de multiplicar a essência divina na terra. Contudo, ao desobedecerem e comerem da árvore proibida, tornaram-se pecadores, alterando completamente o plano original de Deus para a humanidade.

"Este é o livro da genealogia de Adão. No dia em que Deus criou o homem, à semelhança de Deus o fez. Homem e mulher os criou, e os abençoou; e chamou o nome deles Adão, no dia em que foram criados. Adão viveu cento e trinta anos, e gerou um filho à sua semelhança, conforme à sua imagem, e pôs-lhe o nome de Sete."
Gênesis 5:1-3 (JFA)

O primeiro Adão foi formado à imagem e semelhança do Pai, estabelecido na posição e na dimensão de filho, e, como consequência, tudo o que gerasse nessa dimensão seria sob o designo de filho. Mas, infelizmente, quando Adão gerou, já estava fora do designo, fora da posição, e vivia sob a condição de pecado. Agora, Adão gera, mas à sua própria semelhança; já não é mais a semelhança do Pai, mas a de um pai pecador chamado Adão.

"Depois, havendo a concupiscência concebido, dá à luz o pecado; e o pecado, sendo consumado, gera a morte." Tiago 1:15 (JFA)

A intenção do Pai era formar um homem que pudesse ser pai e se multiplicasse em filhos, que por sua vez se tornariam pais para refletir Sua imagem e essência na terra que Ele lhes entregou e onde os plantou. Esse foi e continua sendo o designo e a ordem do Formador. Dessa forma, o homem, portador de vida, geraria vida, não pecado, que foi o que trouxe a morte.

Agora, temos homens pecadores gerando mais homens pecadores. As Escrituras nos dizem que a maldade havia se multiplicado, e por causa disso, Deus se lamentava.

"Então arrependeu-se o Senhor de haver feito o homem sobre a terra, e pesou-lhe em seu coração. E disse o Senhor: Destruirei de sobre a face da terra o homem que criei, desde o homem até ao animal, até ao réptil e até às aves dos céus; porque me arrependo de os haver feito. Noé, porém, achou graça aos olhos do Senhor." Gênesis 6:6-8 (JFA)

A humanidade se multiplicava, e com ela o pecado. Tudo estava corrompido, e o coração do Pai se entristeceu. No entanto, nem o pecado do homem, nem sua condição pecaminosa puderam mudar o coração do Pai. Ele já havia dado Sua palavra, e nada a faria mudar. O Pai olhou entre todos os humanos e encontrou um homem justo chamado Noé, um pai que, entre muitos, achou graça. Embora o tempo da manifestação do Filho ainda não tivesse chegado, a graça já estava presente, demonstrando que a graça sempre existiu, mesmo antes da lei.

A graça não é o Messias em si mesmo, mas é a essência do coração do Pai, manifestada através de Seu Filho, Jesus, o Messias, o qual foi o instrumento para estendê-la a nós. Notemos que quem achou graça foi um pai chamado Noé. Por ele e por causa dele, toda sua família alcançou a mesma graça. Através desse ato do Pai e devido à palavra profética que Ele havia proferido após o pecado de Adão, a humanidade foi preservada.

Uma palavra tem o poder de preservar gerações e direcionar o futuro. Mais adiante, encontramos o evento da torre de Babel, onde os homens, movidos por orgulho e autossuficiência, tentaram construir uma torre que chegasse aos céus.

"E disseram: Vinde, edifiquemos para nós uma cidade e uma torre cujo topo toque nos céus, e façamos para nós um nome, para que não sejamos espalhados sobre a face de toda a terra." Gênesis 11:4 (JFA)

O homem tinha o desejo de alcançar o que sabia que havia perdido: sua conexão com o céu. Havia um vazio, algo não estava certo. Na verdade, o homem foi criado para estar perto do Pai. Em sua distância, começaram a construir uma torre que conectasse a terra ao céu. A orfandade que se manifestou no coração do homem o desconectou de sua essência celestial.

"Sendo, pois, Abrão da idade de noventa e nove anos, apareceu o Senhor a Abrão e disse-lhe: eu sou o Deus Todo-Poderoso, anda em minha presença e sê perfeito. E porei o meu concerto entre mim e ti e te multiplicarei grandissimamente.

Então caiu Abrão sobre o seu rosto, e falou Deus com ele, dizendo: quanto a mim, eis o meu concerto contigo: serás o pai de uma multidão de nações; e não se chamará mais o teu nome Abrão, mas Abraão será o teu nome, porque por pai de muitas nações te tenho posto; e te farei frutificar grandissimamente, e de ti farei nações, e reis sairão de ti.

E estabelecerei o meu concerto entre mim e ti e a tua descendência após de ti, em suas gerações, por concerto perpétuo, para te ser a ti por Deus e à tua descendência após de ti." Gênesis 17:1-7 (JFA)

Havia uma necessidade de paternidade na terra, pois esse era o designo original do Pai. Por isso, o Pai escolhe um homem chamado Abrão. Vemos aqui novamente o desejo do Pai manifestado: Ele queria refletir e manifestar sua imagem e sua essência de paternidade na terra, e assim o fez ao escolher Abrão. Parecia um ato simples, mas ali estava envolvido o destino de gerações.

O encontro de um servo chamado Abrão com o Pai lhe muda o nome, lhe dá uma nova identidade e o define em sua missão na terra, mas também estabelece o destino para as gerações até os dias de hoje. Esse é o designo e o modelo. O fato de o Pai ter chamado e estabelecido Abraão como pai na terra não faz de Deus menos Pai; ao contrário, isso o reafirma. A intenção do Pai desde o início sempre foi refletir, através dos filhos na terra, sua essência de Pai.

"Disse Deus mais a Abraão: A Sarai, tua mulher, não chamarás mais pelo nome de Sarai, mas Sara será o seu nome. E eu a abençoarei e te darei dela um filho; sim, eu a abençoarei, e ela será mãe de nações; reis de povos sairão dela." Gênesis 17:15-16 (JFA)

O Pai não apenas mudou o nome de Abrão, mas também o de sua esposa Sarai. Observemos que, quando o nome de Abrão é mudado, o Pai fala diretamente com ele. No entanto, para mudar o nome de Sarai, Ele o faz através de seu esposo Abraão, a quem acabava de constituir pai de multidões e nações. A legalidade de uma mudança de nome sempre estará conectada ao âmbito da paternidade. O Pai honra seus próprios designos, mostrando que o encontro com um pai trará identidade, mudança de nome e direção.

Muitas das situações que a humanidade enfrenta hoje estão ligadas à falta de paternidade. Muitas pessoas vivem conectadas a um velho e obsoleto estilo de vida, a seus antigos nomes. Só precisam encontrar um pai espiritual que legalmente lhes dê sua nova identidade. Abraão é estabelecido como pai de multidões e nações de maneira permanente, mostrando assim o desejo e a necessidade do Pai de estabelecer paternidade na terra.

Através das Escrituras podemos observar como todo homem ou mulher apontado pelo Pai para uma missão teve que renunciar a si mesmo para fazer a vontade daquele que o escolheu. No caso de Abrão, ele teve que deixar sua terra e sua parentela, o lugar que conhecia, para ir a um lugar que ele mesmo não conhecia. Seguir a voz do Pai traria como recompensa a bênção e o cumprimento da palavra que ele havia recebido.

Conforme vemos nas Escrituras, havia sete promessas envolvidas em um simples ato de obediência. Tudo estava decidido, só faltava que ele acreditasse.

"Ora, o Senhor disse a Abrão: Sai-te da tua terra, da tua parentela e da casa de teu pai, para a terra que eu te mostrarei. Eu farei de ti uma grande nação; abençoar-te-ei, e engrandecerei o teu nome; e tu, sê uma bênção. E abençoarei os que te abençoarem, e amaldiçoarei os que te amaldiçoarem; e em ti serão benditas todas as famílias da terra." Gênesis 12:1-3 (JFA)

7

O Designo Geracional

N as Escrituras encontramos pelo menos oitenta versículos que falam sobre gerações, destacando a importância da continuidade e legado espiritual. Esse é o designo intencional do Pai para o homem: multiplicar Sua essência, transmitir Seus ensinamentos e estabelecer um legado que impacte futuras gerações, perpetuando o propósito divino na Terra.

"Saberás, pois, que o Senhor, teu Deus, é Deus, o Deus fiel, que guarda o concerto e a misericórdia até mil gerações aos que o amam e guardam os seus mandamentos." Deuteronômio 7:9 (JFA)

Desde a geração de Adão até hoje, muitas gerações se levantaram. Cada uma desempenhou um papel na humanidade e, embora através do sacrifício de Jesus, o Messias, não tenhamos que carregar a culpa nem as maldições das gerações passadas, há situações que vivemos hoje que são consequência das decisões tomadas por gerações anteriores.

No entanto, nosso foco está em entender e reafirmar o que o Pai destinou para nós é tão forte e tão grande que não basta apenas conosco; é necessário que se levantem gerações de pais e filhos conectados à visão e à missão dada a um pai, para poder continuar com um legado e completar a missão do Pai em uma geração específica. Você não pode ver sua vida como um acidente. Tem que vê-la conforme o Pai a desenhou.

"Porque somos feituras sua, criados em Cristo Jesus para as boas obras, as quais Deus preparou para que andássemos nelas."
Efésios 2:10 (JFA)

Cada pessoa que nasce na terra tem como missão reproduzir o designo do Pai. Há um plano maravilhoso, tão grande e extenso, que a vida de uma só pessoa não seria suficiente para cumpri-lo e estabelecê-lo. Por isso, o Seu designo é geracional. Cada pai tem como missão transmitir sua genética para sua geração. O foco do mundo está em deixar finanças, empresas, terras e bens materiais como herança, e embora isso seja bom, não é completo.

Precisamos entender o designo geracional, através do qual o Pai nos permitirá estender Seu plano de bênção e expansão sobre cada família. É imprimir a genética da intenção original do Pai sobre os filhos, que é governar e dominar a terra. Tudo o que o Pai falou tem a intenção de ter continuidade, e isso só é possível através do designo geracional.

Haverá ocasiões em que aqueles que vieram antes de nos trilharam seus próprios caminhos, desalinhados com o plano do Eterno, e é precisamente aí que o Pai levanta filhos entendidos, que se tornarão os pais que corrigirão o rumo equivocado que foi tomado.

Um exemplo é quando o homem e a mulher foram formados à imagem do Pai. No início, a instrução foi que multiplicassem a essência do que haviam recebido, ou seja, que multiplicassem o designo. Mas, ao pecarem, como diz o livro de Gênesis no capítulo cinco, percebemos que o homem já não gera à imagem do Pai, mas começa a gerar à sua própria imagem.

Agora, era uma imagem distorcida, que carregava a consequência do pecado de Adão. Isso, no entanto, não anula o designo geracional. Caim e Abel tinham a oportunidade de levantar uma geração diferente. Não podiam mudar o passado, mas podiam criar sua descendência em obediência, garantindo que não repetissem os mesmos erros de seus pais. No entanto, todos conhecemos a história. A Escritura diz que ambos trouxeram ofertas ao Pai. Caim trouxe algo da terra, Abel trouxe dos primogênitos e da gordura de seu rebanho. O Pai se agradou da oferta de Abel e rejeitou a de Caim, o que gerou tanta raiva em Caim que ele acabou matando Abel.

> *"E falou Caim com Abel, seu irmão; e sucedeu que, estando eles no campo, se levantou Caim contra Abel, seu irmão, e o matou. E disse o Senhor a Caim: Onde está Abel, teu irmão? E ele disse: Não sei; sou eu guardador do meu irmão? E disse Deus: Que fizeste? A voz do sangue do teu irmão clama a mim desde a terra."*
> *Gênesis 4:8-10 (JFA)*

Um detalhe interessante é que, quando se fala de "sangue", no original se refere a "sangues", indicando que o que morreu ali não foi apenas Abel, mas também as gerações justas que teriam vindo dele.

Por isso, é necessário entender que não se trata apenas de você, mas que o Pai estabeleceu uma palavra sobre você e suas gerações. Eu te convido a lembrar hoje de tudo o que o Pai te falou. Agora veja isso não apenas do seu ponto de vista, mas levando em consideração suas gerações. Eles também fazem parte disso. Não se limite!

A Paternidade é um designo geracional. Por meio de Abraão, o Pai restabeleceu Seu designo e Sua intenção original, não apenas para ele, mas de maneira geracional. Acreditemos por nossas gerações.

8

Um "Pai" Chamado Noemi

As Escrituras narram que, em certa ocasião, houve uma fome em Belém, e um pai, buscando escapar da situação temporária de sua terra, levou sua esposa e seus filhos para a terra de Moabe. As Escrituras relatam que, estando ali, o pai da casa, Elimeleque, morreu. Ficaram apenas Noemi e seus dois filhos, Quiliom e Malom, que tomaram por esposas mulheres moabitas, Orfa e Rute.

Após vários anos de estabilidade, os filhos de Noemi assumiram a responsabilidade de sustentar suas esposas e a mãe viúva. Noemi não tinha preocupações, pois seus filhos a sustentavam e honravam. Porém, de repente, Quiliom e Malom morreram sem deixar descendência, deixando Noemi sozinha com suas noras. Sua situação, já difícil após a perda do marido, tornou-se ainda mais dolorosa ao perder também seus dois únicos filhos em uma terra estrangeira.

O núcleo familiar não era tradicional; faltava a figura do pai representada em um homem. Só temos em cena três mulheres. Mas essa condição natural não estava acima do plano do Eterno para elas. Vemos que Noemi disse às suas noras, a quem chamava de filhas, o seguinte:

"Porém, Noemi disse: Voltai, minhas filhas, por que iríeis comigo? Tenho eu ainda no ventre filhos, para que sejam vossos maridos? Voltai, minhas filhas, ide-vos embora, porque sou velha demais para ter marido. Ainda que eu dissesse: Tenho esperança, e ainda que eu tivesse marido esta noite e gerasse filhos, esperá-los-íeis até que fossem grandes? Abster-vos-íeis de tomar marido? Não, minhas filhas, que mais amargura eu tenho do que vós, porquanto a mão do Senhor se descarregou contra mim." Rute 1:11-13 (JFA)

Noemi abriu seu coração e lhes disse que não tinha nada a oferecer, que por favor voltassem para seus parentes moabitas para que pudessem reconstruir suas vidas. A condição não era nada favorável. Três viúvas agora enfrentavam a vida sem a esperança de que as coisas melhorassem. Noemi as encorajou a voltar à vida regular, dando-lhes liberdade para reconstruir suas vidas amorosas.

Noemi, a mãe, agora assumia a posição de chefe de família, ocupando o papel de um pai. Ela considerava voltar para sua terra, para o lugar onde nasceu. A terra de Moabe não era sua casa, e a solidão intensificava seu desejo de voltar. Algo que aprendi ao longo dos anos é que o Pai não discrimina nem faz distinção entre homem e mulher quando se trata de cumprir Seu propósito e plano na terra.

Onde um homem não quer caminhar, o Pai levantará uma mulher disposta a obedecer. Na primeira tentativa de persuadi-las a ir, elas resistiram, mas na segunda vez, Orfa respondeu com um beijo e voltou para sua família. No entanto, diz a Escritura que Rute se apegou a Noemi.

"Então, levantaram a voz e tornaram a chorar; e Orfa beijou a sua sogra, porém Rute se apegou a ela." Rute 1:14 (JFA)

Após isso, Rute faz uma declaração muito forte sobre sua decisão de não abandonar Noemi sob nenhuma circunstância.

"Disse Noemi: Eis que tua cunhada voltou ao seu povo e aos seus deuses; volta tu também após a tua cunhada. Disse, porém, Rute: Não me instes para que te deixe e me afaste de ti, porque, aonde quer que tu fores, irei eu, e, onde quer que pousares, ali pousarei eu; o teu povo é o meu povo, o teu Deus é o meu Deus. Onde quer que morreres, morrerei eu e ali serei sepultada; faça-me assim o Senhor e outro tanto, se outra coisa que não seja a morte me separar de ti." Rute 1:15-17 (JFA)

Esta história nos mostra o coração de uma filha que não estava disposta a abandonar sua sogra Noemi. Isso significava renunciar à sua cultura, às suas crenças, aos deuses adorados em Moabe, à sua família, ao que conhecia, à sua herança; tudo para seguir quem respeitava e honrava como mãe. É deixar tudo o que está próximo para se estender ao que está distante. Você saberá quem realmente está conectado a você, pois no momento em que tudo parecer perdido, eles permanecerão ao seu lado.

Dentro do designo da paternidade, o que se recebe como impartição tem mais valor do que tudo o que se pode adquirir com dinheiro. Noemi não tinha nada, mas, ao mesmo tempo, tinha tudo. Apenas uma pessoa com coração de filho pode ver o que alguém possui por sua essência e não pelos seus bens.

Noemi não estava em condições de oferecer nada no natural, mas possuía a legalidade espiritual para conectar Rute ao seu destino. Após Orfa partir, Noemi decidiu retornar a Belém, sua terra natal. Essa jornada não era fácil, pois significava deixar seu lar e enfrentar uma longa e árdua viagem. Se nos transportarmos para aquela época, percebemos que não havia veículos nem aviões; e embora houvesse cavalos, burros e camelos, as Escrituras nos revelam algo importante sobre a perseverança e fé que moviam essas mulheres em meio às dificuldades dessa travessia:

"Assim, pois, foram-se ambas até chegarem a Belém; e sucedeu que, entrando elas em Belém, toda a cidade se comoveu por causa delas, e diziam: Não é esta Noemi?" Rute 1:19 (JFA)

É impressionante que elas tenham embarcado em uma viagem tão longa, de aproximadamente 240 quilômetros por montanhas e desertos, para chegar à terra de Noemi. Devemos considerar que eram duas mulheres sozinhas, enfrentando dificuldades e perigos, e Noemi já era idosa. A travessia provavelmente fez Noemi refletir que tudo o que aconteceu foi consequência de ter abandonado sua terra de Belém, pois estava estabelecido que os israelitas não deveriam habitar em terras estrangeiras e que os judeus não se relacionavam com os moabitas, por causa de suas práticas pagãs e cultura idolátrica.

Ao chegarem, os que conheciam Noemi questionavam se realmente era ela. Provavelmente, porque a viram partir cheia de vida e acompanhada de seu marido. Agora, a viam retornar sem marido, sem filhos e, possivelmente, em condições bastante difíceis devido à longa viagem e ao sofrimento que havia experimentado. Tanto é assim que seu nome, que significa "agradável", foi trocado por ela mesma para "Mara", que significa "amargura", pois YHVH a havia feito voltar vazia.

Em Belém, Noemi conecta Rute a Boaz, iniciando um trabalho nos campos para sustentar a família. Parecia uma simples oportunidade, com os trabalhadores deixando espigas para Rute recolher. O que eles não sabiam é que a mulher que recolhia as sobras se tornaria a futura dona do campo.

Nunca subestime o lugar onde você está hoje; por sua fidelidade e lealdade à pessoa a quem o Pai o designou, o que hoje parece humilhante ou um lugar inferior pode, na verdade, ser seu lugar de conquista. Parecia seu lugar de sustento, mas, na realidade, era seu lugar de conexão com o destino. Rute acabou se casando com Boaz. Sua viagem a Belém e sua determinação de deixar tudo para trás deram frutos. Agora vejamos o que nasceu dessa relação.

Boaz gerou Obede, Obede gerou Jessé, e Jessé gerou Davi, e daí chegamos a Jesus, o Messias. Por trás de tudo isso estava o plano do Pai para que eles fizessem parte da genealogia do Redentor do mundo. Noemi ficou viúva, e suas noras também ficaram viúvas. Não havia um homem em sua casa. No entanto, Noemi se tornou o pai de que Rute precisava para conectá-la ao seu destino.

A paternidade o conecta, o lança em direção ao seu propósito e o estabelece como um portador de vida geracional. A paternidade não está limitada ao sexo masculino; ela vai muito além. Está conectada à intenção do Pai de conectar filhos fiéis e leais a pais designados. Foi isso o que aconteceu com Rute. O Pai não mudou o plano que tinha para Rute pelo fato de que não havia um pai em sua casa.

Pelo contrário, Ele usou como pai uma mulher chamada Noemi, que, embora não tivesse sêmen, tinha a semente (a palavra) para direcionar Rute até Belém e conectá-la a Boaz. De onde Boaz e Rute vinham não era o importante. Boaz era descendente de Raabe, a prostituta, e Rute vinha dos moabitas, a descendência que resultou da relação entre Ló e suas filhas quando escaparam de Sodoma e Gomorra. A história de Orfa foi bem diferente, pois de sua descendência surgiram Golias e seus irmãos gigantes, os mesmos que Davi derrotou.

No mundo natural, apenas os homens portam sêmen (semente), mas na dimensão espiritual, a palavra é a semente. Portanto, embora as mulheres não portem sêmen, elas portam a palavra, e essa é sua semente. Há lugares onde o homem só carrega sêmen, e o Pai levanta uma mulher sem sêmen, mas com semente, que gerará gerações inteiras.

Mulher, não se subestime nem permita que outros o façam. O Pai a fará brilhar e levantar gerações por causa da semente que você carrega. No Reino, ser mulher não é um fardo; pelo contrário, é um privilégio.

9

Aprendendo a Ouvir a Voz do Pai

U m dos profetas mais proeminentes e importantes do Antigo Pacto nasceu de uma mulher chamada Ana, de quem as Escrituras relatam que YHVH havia cerrado sua madre.

"Porém a Ana dava uma parte excelente; porque amava a Ana, ainda que o Senhor lhe tivesse cerrado a madre." 1 Samuel 1:5 (JFA)

A situação de não ter um filho lhe causava muita dor, ao ponto de, com lágrimas e amargura de alma, clamar ao Senhor. No âmbito natural, tudo indicava que ela não teria descendência, mas o plano do Eterno era outro e era perfeito. No meio de seu processo, Ana abriu seu coração ao Senhor e fez um voto. Pediu especificamente um filho homem e prometeu que, se ele a concedesse, ela o dedicaria todos os dias de sua vida ao Senhor e, além disso, nunca passaria navalha sobre sua cabeça. Esse voto era conhecido como o voto nazireu. Apenas três homens na Bíblia nasceram sob esse voto: Samuel, Sansão e João Batista. O pedido de Ana tomou um novo sentido; agora ela não apenas pedia um filho, mas estabelecia que, se seu pedido fosse atendido, ela o dedicaria ao Senhor para o resto da vida. Às vezes, não é sobre o que pedimos, mas sobre a intenção com que pedimos. Ana pedia um filho, algo natural e legítimo, mas o Pai tinha um plano maior: dar-lhe um profeta que marcaria gerações até chegar a Jesus, o Messias. Quando orar e apresentar um pedido, tenha clareza sobre a intenção por trás dele.

Isso aconteceu enquanto Ana estava em Silo, no templo. Depois de uma conversa com o sacerdote Eli, este a abençoou, enviou-a em paz e disse: "O Deus de Israel conceda a tua petição que lhe pediste." Ana voltou para casa e, então, ficou grávida. As Escrituras dizem que, passado algum tempo, Ana deu à luz um filho e o chamou Samuel, dizendo: "Porque o pedi ao Senhor."

"E, havendo-o desmamado, o levou consigo, com três novilhos, um efa de farinha e um odre de vinho, e o apresentou à casa do Senhor, em Silo; e o menino era ainda muito criança. E degolaram um novilho e trouxeram o menino a Eli. E ela disse: Ah, meu senhor, viva a tua alma, meu senhor, eu sou aquela mulher que aqui esteve contigo, orando ao Senhor. Por este menino orava eu; e o Senhor me concedeu a minha petição, que eu lhe tinha pedido. Pelo que também ao Senhor eu o entreguei, por todos os dias que viver; pois ao Senhor foi pedido."1 Samuel 1:24-28 (JFA)

Chegou o momento em que Ana cumpriu o voto que havia feito ao Senhor, e assim o fez. Levou seu filho Samuel ao templo e o deixou lá para servir e ser instruído. Essa mulher, que entregou ao Senhor seu primogênito, Samuel, recebeu do Pai mais três filhos e duas filhas, totalizando seis filhos. Ana entregou um e recebeu cinco. Aqui vemos um princípio de honra, de semeadura e colheita, um princípio de primícias. Quando você é capaz de entregar o que tem de mais precioso e aquilo que mais deseja, o Pai sempre trará sobre você um ambiente de multiplicação. O que antes era improdutivo, o que antes lhe custou anos e lágrimas, agora virá em abundância e com alegria.

Samuel servia diante do Senhor na presença de Eli. Naqueles dias, havia uma situação lamentável: as Escrituras nos dizem que a palavra do Senhor era rara naquele tempo, e não havia visão manifesta. Isso indica que não havia ninguém capacitado para receber profecia. Por isso, o Senhor levantou Samuel como profeta. Também nos é dito que Eli quase não podia ver, e enquanto ambos dormiam, o Senhor chamou Samuel pelo nome. Imediatamente, Samuel correu para Eli para ver por que ele o havia chamado, mas Eli respondeu que não o havia chamado e que voltasse a se deitar. Essa cena se repetiu três vezes, até que, na terceira vez, Eli disse a Samuel que, se o chamassem novamente, ele deveria responder: "Fala, Senhor, porque o teu servo ouve."

"Então o Senhor veio, e se pôs, e chamou como das outras vezes: Samuel, Samuel! E disse Samuel: Fala, porque o teu servo ouve."1 Samuel 3:10 (JFA)

Gostaria de destacar alguns pontos dessa breve história. Primeiro, o fato do que o Eterno queria fazer seria realizado por meio de uma pessoa sem experiência nem preparação. Samuel era apenas um jovem, nascido de uma impossibilidade e como resposta ao clamor de uma mãe. Segundo, vemos como essa mãe entregou seu único filho em cumprimento ao voto que havia feito ao Eterno. Terceiro, é interessante notar que, embora Samuel conhecesse bem a voz de Eli, quando o Senhor o chamou três vezes, ele correu até Eli. Mais interessante ainda é que Samuel não perguntou se havia outra pessoa no local, pois a voz que ouviu parecia a de Eli. Isso me leva a pensar na semelhança entre a voz do Pai celestial e a voz de um pai espiritual. Um pai espiritual correto sempre lhe falará da mesma forma que o Pai celestial. Quarto, embora Eli estivesse quase cego, ele sabia ouvir ao Senhor, enquanto Samuel, embora enxergasse claramente, não sabia reconhecer a voz do Senhor.

Samuel era o escolhido pelo Pai, mas precisava de um pai imperfeito e cego na terra para formá-lo e ensiná-lo. Samuel tinha visão, mas não sabia reconhecer a voz de Deus. Eli não podia ver, mas sabia reconhecer a voz de Deus. Hoje, muitos correm atrás de um chamado, mas não permitem que um pai os forme. Tão importante quanto o chamado é a formação. Um chamado do Pai não substitui a preparação, direção e formação de um pai; ambos estão conectados dentro do mesmo designo e missão. Quebrar essa ordem e designo sempre trará consequências lamentáveis.

"Não deseje uma plataforma se você não permitiu que um pai lhe dê forma."

O que Samuel viveu ao lado de seu pai Eli foi fundamental, pois com ele aprendeu a ouvir ao Pai. Em seu ofício profético, era vital que ele conhecesse claramente a voz do Pai, pois em seu ministério ele teria a responsabilidade de ungir e lidar com reis.

10

Honra que Produz Honra

Há várias maneiras de chegar a lugares, conquistar territórios, alcançar metas e cumprir uma missão. É muito comum usar métodos convencionais ou tradicionais. No entanto, existe uma chave mestra que funciona em qualquer lugar ou circunstância: a honra. Muito se tem perdido por causa da desonra, e vários fatores contribuíram para que isso acontecesse:

- Falta de informação

- Orgulho

- Imposição

- Falta de revelação

- Mau exemplo de quem está em autoridade

Veremos como a honra pode ser um fator determinante na vida e no propósito de uma pessoa. Uma das histórias mais conhecidas da Bíblia é a de Davi. Ele era um jovem pastor que cuidava das ovelhas de seu pai, Jessé. Seus irmãos faziam parte do exército de Israel, sob o comando do rei Saul. O profeta Samuel, a quem o Pai havia instruído para ungir Saul, foi enviado posteriormente para ungir Davi como rei, pois Saul havia sido rejeitado. Para isso, Samuel foi à casa de Jessé, onde deveria ungir aquele que havia sido escolhido como rei. Ao chegar, encontrou os filhos de Jessé, mas nenhum dos presentes era o escolhido.

"Disse mais Samuel a Jessé: Acabaram-se os mancebos? E disse: Ainda falta o menor, que está apascentando as ovelhas. Disse, pois, Samuel a Jessé: Manda buscá-lo, porquanto não nos assentaremos em volta da mesa até que ele venha aqui. Então mandou chamá-lo e fê-lo entrar; e era ruivo e de belos olhos e de boa aparência. E disse o Senhor: Levanta-te e unge-o, porque é este mesmo. Então Samuel tomou o vaso de azeite e o ungiu no meio de seus irmãos, e desde aquele dia o Espírito do Senhor se apoderou de Davi; então Samuel se levantou e se tornou a Ramá." 1 Samuel 16:11-13 (JFA)

Davi não estava onde seus irmãos estavam, mas sim onde seu pai o havia designado. Não se trata de estar onde você quer estar, mas de estar onde um pai o designou. O tempo de Davi cuidando do rebanho de seu pai parecia um tempo perdido, mas, na verdade, foi o treinamento secreto para sua exibição pública. Seus dias se passavam trabalhando e cuidando do que lhe havia sido confiado: as ovelhas de seu pai. Os verdadeiros filhos com identidade sabem que tudo o que se faz em parceria com um pai é, na verdade, a herança que receberão mais tarde.

Quando o profeta Samuel se inclinou para olhar os aspectos externos, o Pai o corrigiu, deixando claro que o que ele via não era o que o Eterno enxergava. Então, Samuel fez uma declaração forte: ninguém se sentaria à mesa até que Davi, o escolhido, chegasse. Em outras palavras, houve jejum até que Davi chegasse à casa. Não se trata de estar em um lugar visível, mas no lugar designado, mesmo que esteja escondido. Nunca se preocupe com a aparente vantagem que outros possam ter. Lembre-se sempre de que isto não é uma corrida para chegar primeiro, mas uma prova de obediência para chegar no tempo certo. O Pai sempre honrará aqueles que sabem estar sob a autoridade de um pai na terra.

"Prefiro estar escondido no lugar da minha designação a estar exposto em um lugar onde não fui designado."

A unção não cairá sobre qualquer pessoa, mas sobre aquele que, com um coração correto e alinhado, foi escolhido. Davi não estava onde ele mesmo escolheu, mas onde seu pai o designou. O profeta o ungiu, mas Davi voltou a cuidar das ovelhas de seu pai. A unção do profeta para uma missão de maior envergadura não foi motivo para que Davi desonrasse. Davi recebeu a instrução de seu pai de ir honrar seus irmãos e o rei Saul, que estavam no campo de batalha. Imediatamente, Davi procurou alguém que pudesse cuidar das ovelhas que seu pai lhe havia confiado, o que demonstra seu coração correto. O mais fácil teria sido deixar as ovelhas abandonadas, já que seu pai o havia enviado para outra tarefa. Mas Davi se certificou de que o que lhe havia sido designado estivesse bem cuidado.

Davi chegou ao vale de Elá e encontrou a batalha entre o rei Saul, o exército de Israel, e o gigante Golias com os filisteus. Por quarenta dias, de manhã e à tarde, Golias desafiava Saul e seu exército, fazendo com que o exército de Israel fugisse de medo diante do gigante.

> *"E todos os homens de Israel, vendo aquele homem, fugiam de diante dele, e temiam grandemente." 1 Samuel 17:24 (JFA)*

No quadragésimo primeiro dia, Davi apareceu para honrar seus irmãos e ouviu as provocações de Golias. O que fez um rei e seu exército recuarem, impulsionou Davi a avançar. Ele perguntou: "O que se fará ao homem que derrotar este filisteu e tirar a afronta de Israel?"

> *"Então falaram os homens de Israel: Vistes aquele homem que subiu? Pois subiu para afrontar a Israel; há de ser, pois, que ao homem que o ferir, o rei o enriquecerá de grandes riquezas, e lhe dará sua filha, e fará isenta de tributos a casa de seu pai em Israel."*
> *1 Samuel 17:26 (JFA)*

Havia, sem dúvida, uma excelente recompensa para quem acabasse com Golias, mas isso não foi o que motivou Davi. O que o impulsionou foi seu desejo e paixão por cumprir a missão que seu pai, Jessé, lhe havia dado.

> *"E, ouvindo Eliabe, seu irmão mais velho, falar àqueles homens, acendeu-se a ira de Eliabe contra Davi, e disse: por que desceste aqui? E a quem deixaste aquelas poucas ovelhas no deserto? Bem conheço a tua presunção e a maldade do teu coração; desceste apenas para ver a peleja." 1 Samuel 17:28 (JFA)*

11

De Pai para Filho

N ão é apenas a história de um profeta, mas é a trajetória de dois homens que exemplificaram o designo da paternidade na terra. Convido você a mergulhar na vida de Elias, o pai espiritual, e Eliseu, seu filho.

"Então Elias, o tisbita, dos moradores de Gileade, disse a Acabe: Vive o Senhor, Deus de Israel, perante cuja face estou, que nestes anos nem orvalho nem chuva haverá, senão segundo a minha palavra."
1 Reis 17:1 (JFA)

Sempre me perguntei por que Elias apareceu de repente no cenário bíblico, e embora não se mencione seu passado, ancestrais ou família, ele surge profetizando. Nem mesmo sabemos sobre sua trajetória profética anterior, ele simplesmente aparece, e a partir de então se manifesta em seu ofício e chamado. Sabemos apenas que era de Tisbe.

Sua profecia não trazia consolo nem boas notícias ao povo; veio para mudar toda a atmosfera. A pergunta é: por que ele fechou os céus com uma palavra? Primeiro, vejamos o que estava acontecendo naquele momento. É importante estudar os versículos anteriores para entender esse evento.

"Em seus dias, Hiel, o betelita, edificou Jericó; morrendo Abirão, seu primogênito, a fundou; e morrendo Segube, seu último, pôs as suas portas, conforme a palavra do Senhor, que falara por intermédio de Josué, filho de Num." 1 Reis 16:34 (JFA)

Estudiosos da Torá dizem que a palavra que Elias proferiu estava conectada ao fato de que, enquanto Acabe, Jezabel e Elias estavam no funeral dos filhos de Hiel, surgiu uma discussão porque Elias afirmou que a morte dos filhos de Hiel estava relacionada com a palavra que Josué havia proferido:

"Naquele tempo, Josué os fez jurar, dizendo: Maldito diante do Senhor seja o homem que se levantar e reedificar esta cidade de Jericó! Com a perda de seu primogênito, lhe lançará os fundamentos, e, à custa do seu último, lhe porá as portas." Josué 6:26 (JFA)

Isso incomodou Jezabel, que até zombou, argumentando que era impossível que a palavra de Josué se cumprisse, pois nem mesmo a palavra que seu pai Moisés havia dito tinha se cumprido, conforme está escrito no versículo seguinte:

"Se ouvires os mandamentos do Senhor, teu Deus, que hoje te ordeno, para os guardar e cumprir, o Senhor te porá por cabeça e não por cauda; e só estarás em cima e não debaixo, se obedeceres aos mandamentos do Senhor, teu Deus.

Não te desviarás de todas as palavras que hoje te ordeno, nem para a direita nem para a esquerda, seguindo outros deuses para os serviares. Será, porém, que, se não deres ouvidos à voz do Senhor, teu Deus, para não cuidares em fazer todos os seus mandamentos e os seus estatutos que hoje te ordeno, então virão sobre ti todas estas maldições e te alcançarão." Deuteronômio 28:13-15 (JFA)

Entre as maldições mencionadas em Deuteronômio 28, há uma em particular à qual Jezabel se referia:

"O Senhor dará por chuva sobre a tua terra pó e poeira; dos céus descerá sobre ti, até que pereças." Deuteronômio 28:24 (JFA)

A zombaria de Jezabel se baseava no fato de que, naquele território, adoravam-se outros deuses, mas ainda assim continuavam a ter chuva, e não poeira, como Moisés havia dito. Em resumo, Jezabel argumentava que a palavra de Josué não tinha valor, já que nem mesmo a palavra de seu pai, Moisés, havia se cumprido. É nesse contexto que Elias, um homem chamado e estabelecido para manifestar e trazer paternidade à terra, se enfurece e declara a palavra para fechar os céus sobre o território governado por Acabe e Jezabel.

Vemos como a terra, a atmosfera e o planeta respondem não às pessoas que ocupam posições naturais, mas àquelas que, como Elias, fazem parte de um designo chamado paternidade. Assim como o profeta falou, assim aconteceu. Embora os céus estivessem fechados, o Pai cuidou de Elias de maneira extraordinária. Deu-lhe instruções para viver sem problemas enquanto os céus permaneciam fechados.

Milagrosamente, o profeta foi sustentado com água e alimentos e, depois, foi enviado à casa de uma viúva para ser sustentado. Foi ali que Elias se tornou instrumento para que aquela família, através da obediência, não morresse, mas vivesse até o momento em que a chuva voltasse à terra. Mais tarde, vemos como o profeta confrontou, enfrentou e matou os profetas de Baal, o que provocou uma perseguição por parte de Acabe e Jezabel. O profeta ficou com medo e fugiu para o deserto para se proteger de seus inimigos. Foi ali que, em meio à sua aflição, o profeta expressou seu desejo de morrer.

"Ele teve medo, levantou-se e, para salvar sua vida, se foi e chegou a Berseba, que é de Judá, e ali deixou o seu moço. Ele mesmo, porém, foi ao deserto, caminho de um dia, e, assentando-se debaixo de um zimbro, pediu para si a morte e disse: Basta; toma agora, ó Senhor, a minha alma, pois não sou melhor do que meus pais."
1 Reis 19:3-4 (JFA)

Examinemos as ações do profeta. Primeiro, ele estava fugindo para um lugar onde o Pai nunca o enviou, o deserto. Segundo, ele pediu para morrer, sem saber que o desejo e o plano do Pai era que ele nunca visse a morte, pois Ele o levaria em um redemoinho. Isso tem algum sentido?

Quantas vezes o processo, as dificuldades e a aflição te fizeram pensar que seria melhor desistir de tudo? Quantas vezes você já pediu para morrer? Quantas vezes achou que tudo estava acabado? Quantas vezes você se fechou em suas próprias conclusões, pensando que era o fim? Quantas vezes pediu algo para sua vida que o Pai nunca desenhou? E a lista de perguntas continua...

É importante lembrar o que Jesus, o Messias, disse:

"Estas coisas vos tenho dito para que tenhais paz em mim. No mundo tereis aflições; mas tende bom ânimo, eu venci o mundo."
João 16:33 (JFA)

Tudo o que você vive nesta terra é temporário, mas o que o Pai falou sobre você é eterno. A missão do profeta estava ligada ao designo de paternidade, e essa era a causa de toda a perseguição contra ele.

"Disse-lhe o Senhor: Vai, volta ao teu caminho para o deserto de Damasco e, em chegando lá, unge a Hazael rei sobre a Síria. A Jeú, filho de Ninsi, ungirás rei sobre Israel; e também a Eliseu, filho de Safate, de Abel-Meolá, ungirás profeta em teu lugar."
1 Reis 19:15-16 (JFA)

Elias recebeu a instrução de sair do deserto, mas é interessante observar que a ordem foi para ele voltar pelo mesmo deserto por onde havia fugido. Outro detalhe importante é que o profeta foi enviado para ungir Eliseu, filho de Safate. Isso significa que Eliseu não era órfão, mas estava sob autoridade. Poderíamos pensar que, ao receber a instrução de ungir Eliseu como profeta em seu lugar, Elias poderia ter sentido alívio, pensando que seu ministério havia terminado e que Eliseu tomaria seu lugar. No entanto, este era apenas o começo de uma jornada de exercer paternidade.

"Partiu, pois, Elias dali e achou a Eliseu, filho de Safate, que andava lavrando com doze juntas de bois adiante dele; ele estava com a duodécima. Elias passou por ele e lançou o seu manto sobre ele.

69

Então, deixou ele os bois, correu após Elias e disse: Deixa-me beijar a meu pai e a minha mãe; então, te seguirei. Elias lhe respondeu: Vai e volta; pois já sabes o que fiz contigo. Voltou Eliseu de seguir a Elias; tomou a junta de bois e os imolou, e, com os aparelhos dos bois, cozeu as carnes e as deu ao povo, e comeram. Então, se dispôs, seguiu a Elias e o servia." 1 Reis 19:19-21 (JFA)

Para Eliseu, era um dia normal de trabalho, mas a chegada do profeta Elias mudou sua vida para sempre. Quando Elias lançou o seu manto sobre ele, foi um convite para que Eliseu entrasse sob sua cobertura. Não houve palavras de convite, nem pressão. Apenas um ato que falava mais que mil palavras. Acredito que Eliseu estava esperando um tempo de mudança em sua vida. Sua reação à chegada do profeta sugere isso. Às vezes, o pensamento tradicional sobre como as coisas devem acontecer é o primeiro obstáculo na vida de uma pessoa. Hoje, te convido a criar uma atmosfera de expectativa. Você, que está lendo, acredite que aquilo que parecia uma rotina deixará de ser. Um dia comum no natural pode se tornar o dia em que a conexão paternal aparecerá para te dimensionar.

No chamado que Eliseu recebeu de Elias, houve um ato que deixou claro que a honra e a ordem precedem a grandeza do chamado. Observe que a primeira coisa que Eliseu menciona é a necessidade de honrar seus pais naturais antes de seguir sua missão. A urgência do chamado não pode ser uma desculpa para desonrar. Nunca passe de um lugar para outro sem antes honrar os pais que te levaram até ali. Depois, Eliseu sacrificou os bois e usou a madeira dos aparelhos para cozinhar a carne, que ele distribuiu entre seus vizinhos e amigos.

Esse ato revela vários princípios:

a. Porque o tempo de lavrar a terra havia terminado.

b. Porque deixar os bois vivos e os aparelhos intactos seria deixar a porta aberta para que, em um momento difícil no ministério, surgisse a tentação de voltar ao lugar de onde um pai o tirou.

c. Porque, através desse ato, ele honraria e alimentaria toda uma comunidade.

O final do versículo diz que "seguiu a Elias e o servia". Ou seja, Elias não ficou esperando por ele, mas continuou seu caminho. A palavra profética lançada sobre uma pessoa não tem como instrução esperar por essa pessoa, mas é lançada, e quem se torna o receptor deve correr atrás dela. Também devemos ressaltar que o treinamento de Eliseu e seu desenvolvimento como profeta estavam conectados ao serviço a Elias. Não temos um relato detalhado dos eventos na vida privada e diária de Elias e Eliseu, mas podemos ver que a principal função de Eliseu estava ligada a servir aquele que se tornou seu pai espiritual, o profeta Elias.

Mais adiante na história, vemos como Elias, que vinha de Gilgal com seu filho Eliseu, lhe pediu que ficasse em três lugares diferentes. No entanto, esse filho fiel e leal não estava disposto a deixá-lo. Também vemos nesse mesmo cenário como os filhos dos profetas disseram a Eliseu que ele sabia que seu pai seria tirado de sua cabeça. Isso nada mais era do que insinuar que o pai a quem ele servira por tantos anos seria arrebatado, deixando-o sozinho.

O que realmente me chama a atenção é a resposta de Eliseu: "Sim, eu sei. Calai-vos". Esse é um daqueles momentos em que alguém, talvez parte dos que te rodeiam no templo ou que ouviram o que, através de um profeta, o Pai falou sobre a sua vida, tenta te desanimar. São aqueles que, em vez de te impulsionar para o seu destino, tentam fazer com que você abandone sua posição, seus anos de dedicação e seu serviço ao pai que o Pai te designou. Mas hoje você lhes dirá, como disse Eliseu: Cale-se!

Se você honrou como filho, prepare-se para receber sua herança em porção dobrada.

"Disse, porém, Jeosafá: Não há aqui algum profeta do Senhor, para que consultemos ao Senhor por ele? Então, respondeu um dos servos do rei de Israel e disse: Aqui está Eliseu, filho de Safate, que deitava água sobre as mãos de Elias." 2 Reis 3:11 (JFA)

Havia uma situação entre vários reis, e Josafá, rei de Judá, desejava consultar um profeta. Assim surgiu o nome de Eliseu. Seu reconhecimento estava ligado ao fato de que ele lavava as mãos de Elias. Isso não significa que o treinamento de um filho esteja literalmente vinculado a lavar as mãos de seu pai, mas ao fato de honrar esse pai.

"Havendo eles passado, Elias disse a Eliseu: Pede-me o que queres que eu te faça, antes que seja tomado de ti. E disse Eliseu: Peço-te que haja porção dobrada de teu espírito sobre mim. Respondeu-lhe: Coisa difícil pediste. Se me vires quando for tomado de ti, assim se fará; porém, se não me vires, não se fará. E sucedeu que, indo eles andando e falando, eis que um carro de fogo, com cavalos de fogo, os separou um do outro; e Elias subiu ao céu num redemoinho.

O que vendo Eliseu, clamou: Meu pai, meu pai, carros de Israel e seus cavaleiros! E nunca mais o viu; e, tomando as suas vestes, rasgou-as em duas partes. Também levantou o manto de Elias, que dele caíra, e, voltando-se, parou à margem do Jordão. Então, tomou o manto de Elias, que dele caíra, feriu as águas e disse: Onde está o Senhor, Deus de Elias? Quando feriu ele as águas, elas se dividiram de um para outro lado, e Eliseu passou." 2 Reis 2:9-14 (JFA)

Chegou o momento em que a palavra do Pai a Elias se cumpriria, e Eliseu tomaria seu lugar. Esse momento é crucial no designo de paternidade, pois Elias sabia que seria arrebatado, mas também que precisava deixar a herança destinada a Eliseu. Este ato é belo, pois Elias permite que Eliseu escolha, confiando em sua maturidade demonstrada ao longo do serviço. A resposta de Eliseu revelou seu desejo de duplicar a essência de seu pai, não por idolatria, mas para continuar o designo divino de manifestar o celestial na terra.

A resposta de Elias foi focada na perseverança. Ele lembrou a Eliseu que, se permanecesse ao seu lado e focado, sem se distrair, ele receberia o que estava pedindo. Um detalhe importante é que, enquanto caminhavam e conversavam, um carro de fogo os separou, e Elias foi levado ao céu em um redemoinho, cumprindo o plano divino e deixando sua herança espiritual para Eliseu continuar. Esse cenário é um dos mais impressionantes no designo de paternidade. Vemos Eliseu, um empresário que tinha tudo, deixando sua vida próspera para seguir um homem que se tornou seu pai espiritual. Quando Elias foi arrebatado, Eliseu clamava intensamente: "Meu pai, meu pai!".

Eliseu não estava preparado para um momento tão doloroso quanto esse. Ele não celebrou o fato de que agora seria o profeta do momento ou o centro das atenções; ao contrário, ele se entristeceu profundamente porque não teria mais seu pai ao seu lado para continuar o formando. Notemos a diferença entre as duas despedidas que Eliseu viveu. Quando ele se despediu de seus pais naturais, embora os tenha honrado e abençoado, não houve uma despedida dolorosa mencionada. No entanto, a despedida de seu pai espiritual foi profundamente dolorosa. Depois, Eliseu tomou o manto de Elias, dobrou-o e golpeou as águas, que se dividiram ao meio.

"Vendo-o, pois, os filhos dos profetas que estavam de fronte em Jericó, disseram: O espírito de Elias repousa sobre Eliseu. E vieram-lhe ao encontro e se prostraram diante dele em terra." 2 Reis 2:15 (JFA)

Enquanto a ascensão de Elias ocorria, os filhos dos profetas, aqueles que tentaram persuadir Eliseu a deixar seu pai, observavam do outro lado do Jordão. Se Eliseu não tivesse permanecido ao lado de seu pai, os filhos dos profetas teriam corrido para pegar o manto que caiu de Elias. Você, que está lendo este livro, não abandone sua posição, nem seu lugar de designação. Não solte seu lugar de filho. Tudo o que você trabalhou e por tudo o que foi fiel aos seus pais faz parte de sua herança e está preparado para você em porção dobrada.

12

De Filhos a Pai

U ma das histórias mais fascinantes no que diz respeito à lealdade de filhos a um pai por gerações é a que veremos a seguir. Trata-se de um povo sobre o qual não se fala muito, mas que tem muito a ensinar. Seu exemplo é mais poderoso do que qualquer palavra que possamos escrever ou pronunciar. Este é um cenário do qual todos devemos aprender.

"E as famílias dos escribas que habitavam em Jabes: os tirateus, os simeateus e os sucateus. Estes são os queneus, que vieram de Hamate, pai da casa de Recabe." 1 Crônicas 2:55 (JFA)

Esse povo, que viveu nos tempos do Antigo Pacto, era originário dos queneus e estava ligado a Jetro, sogro de Moisés. Sua história está conectada a um grande líder, seu fundador e homem de grande influência, um pai chamado Jonadabe, que participou ativamente da rebelião de Jeú contra Acabe e todas as suas práticas relacionadas à adoração a Baal.

"Palavra que do Senhor veio a Jeremias, nos dias de Jeoaquim, filho de Josias, rei de Judá, dizendo: vai à casa dos recabitas, e fala com eles, e leva-os à Casa do Senhor, a uma das câmaras, e dá-lhes vinho a beber.

Então, tomei a Jazanias, filho de Jeremias, filho de Habazinias, e a seus irmãos, e a todos os seus filhos, e a toda a casa dos recabitas; e os levei à Casa do Senhor, à câmara dos filhos de Hanã, filho de Jigdalias, homem de Deus, que estava junto à câmara dos príncipes, que estava sobre a câmara de Maaseias, filho de Salum, guarda do vestíbulo; e pus diante dos filhos da casa dos recabitas taças cheias de vinho e copos, e disse-lhes: Bebei vinho.

Mas eles disseram: Não beberemos vinho, porque Jonadabe, filho de Recabe, nosso pai, nos ordenou, dizendo: Nunca jamais bebereis vinho, nem vós, nem vossos filhos." Jeremias 35:1-6 (JFA)

O Pai enviou o profeta Jeremias à casa dos recabitas com uma instrução clara: oferecer-lhes vinho para beber. À primeira vista, parece uma ordem estranha, já que apenas lhes é pedido que bebam vinho. No entanto, por trás dessa ordem, há um ensinamento profundo. O profeta obedeceu, preparou o local, trouxe o vinho, encheu as taças e depois deu-lhes a ordem de beber. Embora a ordem viesse diretamente do Pai por meio do profeta, a resposta dos recabitas foi firme: eles se recusaram, devido à instrução que seu pai Jonadabe lhes havia dado duzentos e cinquenta anos antes.

Pessoas haviam nascido e morrido dentro daquela família, e o tempo havia passado, mas os filhos, netos e bisnetos de Jonadabe permaneciam fiéis e alinhados com a palavra e a instrução que seu pai lhes havia dado. A instrução de não beber vinho não vinha de qualquer pessoa; vinha de um profeta sério, enviado por Deus. No entanto, essa família sabia que qualquer instrução profética deveria estar alinhada ao coração e à instrução de seu pai na terra.

"Temos, porém, obedecido à voz de Jonadabe, filho de Recabe, nosso pai, em tudo quanto nos ordenou, de não bebermos vinho em todos os nossos dias, nem nós, nem nossas mulheres, nem nossos filhos, nem nossas filhas, nem edificarmos casas para nossa habitação; nem termos vinha, nem campo, nem semente. Temos habitado em tendas e obedecido e feito conforme tudo quanto nos ordenou Jonadabe, nosso pai." Jeremias 35:8-10 (JFA)

Observe a fidelidade e a lealdade desses filhos. Eles não apenas mantiveram a abstinência do vinho, mas também permaneceram fiéis a seu estilo de vida. Nenhuma influência externa, comportamento social ou opinião alheia foi capaz de mudar o coração, ou a determinação desses filhos quanto à instrução de seu pai.

"Então, veio a palavra do Senhor a Jeremias, dizendo: assim diz o Senhor dos Exércitos, o Deus de Israel: Vai, e dize aos homens de Judá e aos moradores de Jerusalém: Não aceitareis instrução, para ouvirdes as minhas palavras? — diz o Senhor.

As palavras de Jonadabe, filho de Recabe, que ordenou a seus filhos que não bebessem vinho, foram guardadas, e até o dia de hoje não beberam, mas obedeceram ao mandamento de seu pai; a mim, porém, que vos tenho falado insistentemente, vós não me ouvistes.

Também vos tenho enviado todos os meus servos, os profetas, madrugando e enviando-os, dizendo: Convertei-vos agora, cada um do seu mau caminho, e emendai as vossas ações, e não sigais a outros deuses, para os servirdes, e habitareis na terra que vos dei a vós e a vossos pais; mas não inclinastes os ouvidos, nem me obedecestes.

Visto que os filhos de Jonadabe, filho de Recabe, guardaram o mandamento de seu pai, que lhes ordenou, mas este povo não me obedeceu, assim diz o Senhor, o Deus dos Exércitos, o Deus de Israel: Eis que trarei sobre Judá e sobre todos os moradores de Jerusalém todo o mal que pronunciei contra eles, porque lhes falei e não ouviram, chamei-os e não me responderam.

E à casa dos recabitas disse Jeremias: Assim diz o Senhor dos Exércitos, o Deus de Israel: Visto que obedecestes ao mandamento de Jonadabe, vosso pai, e guardastes todos os seus preceitos, e fizestes conforme tudo quanto vos ordenou, assim diz o Senhor dos Exércitos, o Deus de Israel: Nunca faltará varão a Jonadabe, filho de Recabe, que esteja na minha presença todos os dias." Jeremias 35:12-18 (JFA)

O comportamento dos recabitas foi tão impactante que o Pai expressou sua admiração por eles, comparando-os aos homens de Judá e aos moradores de Jerusalém, que haviam recebido instruções dos profetas para abandonar seus maus caminhos, mas não obedeceram. O Pai viu de perto a fidelidade dos recabitas em seguir a instrução de seu pai, o que provocou uma bênção estendida não apenas para aquele tempo, mas de maneira permanente, garantindo que seus descendentes sempre tivessem um lugar diante do Pai e fossem preservados por gerações futuras.

O exemplo dos recabitas nos convida a refletir sobre nossa lealdade e fidelidade à paternidade que nos foi designada na terra. O fato de que os recabitas se recusaram a uma instrução profética não os colocou em posição de desobediência, mas demonstraram firmeza na instrução de seu pai. O Senhor disse que os recabitas foram mais fiéis a seu pai terreno do que Israel foi ao seu Pai celestial.

Cada pessoa foi designada a uma paternidade para ser formada e direcionada. Às vezes, podem surgir pessoas com funções ministeriais (profetas, apóstolos, mestres, pastores) trazendo palavras que contradizem o que um verdadeiro pai te ensinou. É nesse momento que sua fidelidade e lealdade serão testadas. Nunca desonre o pai que o Pai designou para te formar. Um pai os instruiu; agora cabia aos filhos serem fiéis ao pai que os havia posicionado. Sejamos como os recabitas.

13

O Pai que Nunca Morreu

N o capítulo onze, falamos sobre um pai chamado Elias, que foi designado para formar e ungir um filho chamado Eliseu como profeta em seu lugar, e vimos como ele cumpriu sua missão com Eliseu. Também vimos como o Pai o levou em um redemoinho ao céu sem passar pela morte. Este fato milagroso, o terceiro dos quatro registrados nas Escrituras — o primeiro foi Enoque, o segundo Moisés (explicaremos mais adiante), o terceiro Elias e o quarto Jesus, o Messias —, tinha o objetivo de plasmar e restabelecer o designo de paternidade que se perdeu no princípio devido à decisão do primeiro Adão.

Muitos anos e gerações passaram antes que esse espírito de paternidade, que Elias carregava, pudesse se manifestar plenamente. É através do profeta Malaquias que isso é mencionado:

"Eis que eu vos enviarei o profeta Elias, antes que venha o grande e terrível dia do Senhor; E ele converterá o coração dos pais aos filhos, e o coração dos filhos a seus pais; para que eu não venha e fira a terra com maldição." Malaquias 4:5-6 (JFA)

O livro do profeta Malaquias é o último livro do Antigo Testamento em nossas Bíblias, e durante muito tempo, ouvi como Malaquias 3:17 é enfatizado, ressaltando o tema dos dízimos e ofertas (primícias) como algo central. No entanto, embora esse seja um dos temas do livro, a verdade é que o último assunto abordado foi o designo de paternidade. Desde o princípio, esse tem sido o desejo e o designo do Pai. Mesmo após a queda do primeiro Adão, seu plano não mudou; pelo contrário, foi reafirmado.

Observe o que diz o versículo cinco: "Eis que eu vos enviarei o profeta Elias antes que venha o fim". Agora, vejamos com que propósito Elias viria antes do fim. Ou seja, o fim não poderia vir sem que Elias se manifestasse. Por essa razão, Elias nunca viu a morte, embora em um momento de desespero e perseguição ele desejasse morrer. A missão de Elias é clara: restaurar corações, reconciliar pais e filhos, e preparar o caminho para o cumprimento do propósito final do Pai na Terra.

Agora, vamos ao versículo seis, que nos fala especificamente sobre a função do retorno do espírito de Elias. Sua função era restabelecer o designo original: o de paternidade. "E ele converterá o coração dos pais aos filhos e o coração dos filhos a seus pais". Note que não diz "o coração dos filhos ao Pai" no singular, mas "aos pais" no plural, referindo-se aos pais espirituais na terra.

No final do capítulo e do versículo, vemos algo muito interessante. O Pai não está disposto a negociar o restabelecimento desse designo. Tanto é assim que Ele diz: "Prefiro ferir a terra com maldição se não conseguir restaurar o homem ao designo original". Não é uma moda, não é um ministério, não é heresia, idolatria, nem uma invenção. Era, é e será realmente o designo do Pai para o homem e a mulher. É extremamente importante que o Antigo Testamento se encerre falando sobre paternidade, como o desejo do Pai para todos que desejam.

Eu te convido a abrir seu coração e permitir que o desejo do Pai se manifeste em você e por meio de você. É tempo de converter o coração dos pais aos filhos e dos filhos aos pais.

Elias nunca morreu, e o designo também não. Voltemos ao designo!

14

Jesus o Messias... O Filho

N o capítulo anterior, falamos sobre o designo da paternidade no livro de Malaquias, o último livro do Antigo Testamento. Agora, vamos nos aprofundar nos evangelhos, onde começa o cumprimento da promessa de tudo o que foi falado pelos profetas. Embora houvesse passado um tempo de aparente silêncio, o desejo do Pai nunca parou. Tudo estava sendo preparado para a manifestação da restauração de todas as coisas através do Filho. Quatrocentos anos separam o livro de Malaquias dos evangelhos.

Embora não tenhamos um livro na Bíblia que relate os acontecimentos desse período, temos a certeza de que tudo seguiu seu curso até a tão esperada chegada do Filho. Comecemos pelo livro de Lucas, onde se narra a anunciação do nascimento de dois meninos com atribuições extremamente importantes e especiais.

Vamos considerar alguns versículos do primeiro capítulo:

"E um anjo do Senhor lhe apareceu, posto em pé, à direita do altar do incenso. E Zacarias, vendo-o, turbou-se, e caiu temor sobre ele. Mas o anjo lhe disse: Zacarias, não temas, porque a tua oração foi ouvida, e Isabel, tua mulher, te dará à luz um filho, e lhe porás o nome de João. E terás prazer e alegria, e muitos se alegrarão no seu nascimento, porque será grande diante do Senhor, e não beberá vinho, nem bebida forte, e será cheio do Espírito Santo, já desde o ventre de sua mãe; e converterá muitos dos filhos de Israel ao Senhor, seu Deus, e irá adiante dele no espírito e virtude de Elias, para converter o coração dos pais aos filhos, e os rebeldes, à prudência dos justos, com o fim de preparar ao Senhor um povo bem disposto." Lucas 1:11-17 (JFA)

As Escrituras narram que, nos dias de Herodes, rei da Judeia, havia um sacerdote chamado Zacarias, casado com uma mulher chamada Isabel. Ambos eram justos e viviam de maneira irrepreensível diante de Deus, mas sofriam com uma situação que lhes causava tristeza: Isabel era estéril, e ambos já eram de idade avançada. Certo dia, enquanto Zacarias oferecia incenso no templo, apareceu-lhe um anjo com a notícia de que sua esposa daria à luz um filho a quem deveriam chamar João.

Esta notícia provocaria dois milagres: o primeiro era que a esterilidade de Isabel acabaria, e o segundo, que seu marido recuperaria sua virilidade. O anjo anunciou que eles teriam prazer e alegria, e que o tempo de dor e tristeza havia chegado ao fim, dando lugar ao tempo de cumprimento. O nascimento de João viria acompanhado de instruções: ele nasceria sob o pacto nazireu e seria cheio do Espírito Santo desde o ventre de sua mãe.

Converteria muitos dos filhos de Israel e viria com o espírito e o poder de Elias para converter o coração dos pais aos filhos, os rebeldes à prudência dos justos, e para preparar um povo bem disposto para o Senhor. Estabeleceu-se que ele iria adiante de Jesus, ou seja, cumpriria a função de um pai, que é abrir o caminho para os filhos.

Aqui vemos o cumprimento do que foi dito pelo profeta Malaquias. A chegada de João, com o espírito de Elias, traria de volta o designo da paternidade. Notemos que, ao falar de "converter o coração dos pais", não se refere ao Pai no singular, mas a pais no plural, e a palavra "pais" está em minúsculas, indicando que se refere a pais terrenos, e não ao Pai celestial.

Sigamos com a segunda anunciação, que ocorre no sexto mês da gravidez de Isabel:

"E, no sexto mês, foi o anjo Gabriel enviado por Deus a uma cidade da Galileia, chamada Nazaré, a uma virgem desposada com um homem cujo nome era José, da casa de Davi; e o nome da virgem era Maria. E, entrando o anjo aonde ela estava, disse: Salve, agraciada! O Senhor é contigo; bendita és tu entre as mulheres.

Vendo-o ela, turbou-se muito com aquelas palavras e considerava que saudação seria esta. Disse-lhe, então, o anjo: Maria, não temas, porque achaste graça diante de Deus. E eis que em teu ventre conceberás e darás à luz um filho, a quem chamarás pelo nome de Jesus. Este será grande, e será chamado Filho do Altíssimo; e o Senhor Deus lhe dará o trono de Davi, seu pai; e reinará eternamente na casa de Jacó, e o seu reino não terá fim.

Disse Maria ao anjo: Como se fará isso, visto que não conheço varão? E, respondendo o anjo, disse-lhe: Descerá sobre ti o Espírito Santo, e a virtude do Altíssimo te cobrirá com a sua sombra; por isso, também o Santo, que de ti há de nascer, será chamado Filho de Deus." Lucas 1:26-35 (JFA)

O anjo Gabriel veio como mensageiro a uma virgem chamada Maria (Miriam, seu nome original em hebraico) e lhe anunciou, em primeiro lugar, que ela havia achado graça diante dos olhos de Deus. Três pontos quero destacar aqui:

1. A graça é o favor imerecido do Pai para com os seres humanos.

2. A graça é uma característica essencial do Pai.

Por muito tempo nos foi ensinado que Cristo é a Graça, mas através das Escrituras podemos ver que isso é um erro. Quando o primeiro Adão (homem e mulher) pecou, a primeira coisa que o Pai fez foi lançar uma palavra que estabelecia redenção, mesmo que o homem não a merecesse. Depois, Ele sacrificou ovelhas e os cobriu com peles. Isso é Graça. E Cristo ainda não havia sido manifestado.

"Então o Senhor Deus disse à serpente: Porquanto fizeste isso, maldita serás mais que todos os animais domésticos e mais que todos os animais selváticos; sobre o teu ventre andarás e pó comerás todos os dias da tua vida. Porei inimizade entre ti e a mulher, e entre a tua semente e a sua semente; esta te ferirá a cabeça, e tu lhe ferirás o calcanhar." Gênesis 3:14-15 (JFA)

"Fez o Senhor Deus vestimenta de peles para Adão e sua mulher e os vestiu." Gênesis 3:21 (JFA)

As Escrituras narram que Noé achou graça aos olhos de Deus, e Cristo ainda não havia sido manifestado.

"Noé, porém, achou graça aos olhos do Senhor." Gênesis 6:8 (JFA)

Moisés, o homem da lei, também achou graça aos olhos do Senhor, e Cristo ainda não havia sido manifestado.

"Então, disse o Senhor a Moisés: Farei também isto que disseste; porquanto achaste graça aos meus olhos, e eu te conheço por nome." Êxodo 33:17 (JFA)

Miriam (Maria) também achou graça, como vemos em Lucas 1:30, e Cristo ainda não havia sido manifestado. Podemos, então, estabelecer que Cristo foi o Filho que o Pai estabeleceu e utilizou para manifestar, através d'Ele, sua essência e coração de Graça.

"Disse-lhe, então, o anjo: Maria, não temas, porque achaste graça diante de Deus!" Lucas 1:30 (JFA)

3. Se Miriam achou graça, então Miriam também era pecadora, pois a graça só se manifesta onde há pecado.

Consideremos agora o versículo trinta e dois de Lucas 1. Encontramos o designo sob o qual Jesus, o Messias, nasceu: o designo da paternidade.

1. O anjo disse que o menino que nasceria seria chamado Filho do Altíssimo (primeira paternidade). Jesus, o Messias, seria conhecido como o Filho do Altíssimo, reafirmando assim que não era

bastardo, nem ilegal, nem servo, nem apenas mais uma ovelha, mas que era o Filho que o Pai celestial reconhecia e confirmava como legítimo herdeiro, enviado para cumprir o plano redentor da humanidade e manifestar o Reino de Deus na terra.

2. Deus lhe daria o trono de Davi, seu pai (segunda paternidade).Jesus, o Messias, seria reconhecido como descendente de um homem pecador chamado Davi. Este é o meio pelo qual José, seu padrasto, se valida como seu pai, pois ele vinha da descendência de Davi. Mesmo que Davi tenha sido um homem pecador, isso não eximia Jesus de reconhecê-lo como seu pai.

3. Quando Jesus, o Messias, nasceu, um homem chamado José, sem experiência como pai, o reconheceu como seu filho (terceira paternidade).O Pai celestial não teve problemas em confiar a criação e formação de seu único Filho, Jesus, nas mãos de um homem pecador sem experiência como pai. Isso nos mostra a importância de um pai substituto e como não ser o pai biológico de uma pessoa não te desqualifica de ser um pai que forma.

4. Jesus vai ao Jordão para ser batizado pelo homem designado para abrir-lhe o caminho: João (quarta paternidade).

"Então veio Jesus da Galileia ter com João, junto do Jordão, para ser batizado por ele. Mas João opunha-se-lhe, dizendo: Eu careço de ser batizado por ti, e vens tu a mim? Jesus, porém, respondendo, disse-lhe: Deixa por agora, porque assim nos convém cumprir toda a justiça. Então ele o permitiu. E, sendo Jesus batizado, saiu logo da água, e eis que se lhe abriram os céus, e viu o Espírito de Deus descendo como pomba e vindo sobre ele. E eis que uma voz dos céus dizia: Este é o meu Filho amado, em quem me comprazo." Mateus 3:13-17 (JFA)

Observemos aqui vários detalhes importantes e interessantes. Embora não encontremos nas Escrituras nenhum lugar onde João Batista seja reconhecido como uma figura paternal para Jesus, o Messias, é necessário ver qual foi sua função no ministério de Jesus. João foi designado pelo Pai para abrir o caminho de seu Filho, e essa é uma função dos pais: preparar o caminho para os filhos. João indicou a Jesus que ele não era digno nem mesmo de desatar a correia de suas sandálias e que deveria ser Jesus quem o batizasse. A isso, Jesus respondeu que era necessário que João o batizasse para que toda a justiça fosse cumprida.

A pergunta é: Jesus precisava ser batizado? A resposta é não. Por quê? O batismo é o sinal de arrependimento de uma vida de pecado para começar uma nova vida como seguidor de Jesus. Jesus era sem pecado, portanto, Ele não precisava ser batizado. Então, por que Ele o fez? Para assumir a posição do pecado do primeiro Adão e para nos ensinar que não importa quem somos ou qual posição ocupamos, não estamos isentos de estar sob uma autoridade delegada. Se Jesus, sendo perfeito e sem pecado, não teve problemas em se submeter à autoridade de João, quem somos nós para não fazê-lo?

Depois que Jesus foi batizado, enquanto subia da água, os céus se abriram e o Espírito Santo desceu sobre Ele como uma pomba. As Escrituras dizem que foi como uma pomba, não que o Espírito Santo seja uma pomba. Em seguida, ouviu-se a voz do Pai dizendo: "Este é o meu Filho amado, em quem me comprazo". É importante observar que a única forma de algo se abrir é se antes estiver fechado. O que isso significa? Que Jesus, o Filho do Pai, perfeito, sem pecado, sendo Filho do Altíssimo, filho de Davi e filho de José, vivia sob céus fechados até o dia em que chegou ao Jordão e se submeteu à autoridade de João Batista para ser batizado. Foi então que os céus se abriram, e o Pai se expressou dizendo que aquele era o Filho que Lhe causava contentamento.

Qual é o problema que enfrentamos em muitos lugares hoje? Encontramos pessoas que parecem viver em uma "perfeição" maior do que a de Jesus, o Messias. Elas não querem trabalhar sob a autoridade de ninguém nem reconhecer nenhuma pessoa como autoridade paternal. Abrem ministérios simplesmente porque "Deus falou com elas", sem considerar a importância da paternidade espiritual e da submissão. Esse não foi o exemplo que Jesus nos deixou, pois Ele sempre reconheceu a autoridade do Pai.

A cena após o batismo de Jesus foi a tentação. As Escrituras dizem que Jesus foi levado pelo Espírito ao deserto para ser tentado pelo inimigo. Após jejuar por quarenta dias, Satanás apareceu e disse: "Se tu és o Filho de Deus..." A aparição do inimigo veio depois que os céus se abriram e o Pai reconheceu Jesus como Seu Filho. O ataque foi imediato e se dirigiu à identidade de Jesus. O diabo reagiu à proclamação de "Filho".

O mundo estava cheio de servos, ovelhas e religiosos, mas isso não incomoda o reino das trevas. O que causou mal-estar e reação no reino das trevas foi a proclamação de que havia um Filho na terra. Isso trouxe de volta à existência o designo original: a paternidade e, por conseguinte, o Reino e o governo, que só se manifestam através dos filhos. A manifestação do Filho, Jesus, trouxe autoridade, identidade e poder, desafiando diretamente o domínio das trevas e estabelecendo o governo eterno do Pai na Terra.

Outro detalhe interessante é que a mensagem de João sempre foi:

"Naqueles dias, apareceu João Batista pregando no deserto da Judeia, e dizia: Arrependei-vos, porque é chegado o reino dos céus."
Mateus 3:1-2 (JFA)

Quando Jesus começou a pregar, Sua primeira mensagem foi a mesma de João:

"Desde então, começou Jesus a pregar e a dizer: Arrependei-vos, porque é chegado o reino dos céus." Mateus 4:17 (JFA)

O que podemos aprender com isso? Que um Filho sempre começará pregando o que seu pai pregou. Não importa quanta eloquência ou profundidade uma pessoa tenha, a mensagem deve ser a mesma daquele que abriu o caminho.

Vivemos em uma geração que não gosta de prestar contas nem de ser corrigida. A orfandade tem sido a maior pandemia que tem envolvido o mundo. Todos querem um ministério, todos buscam um promotor, mas poucos desejam e anseiam por um pai que os corrija e os direcione.Não anseie uma plataforma se você não permitiu que um pai te forme.

15

Não Chameis a Ninguém na Terra de Pai

Um dos versículos mais usados para debater o designo da paternidade encontra-se no livro de Mateus. Lamentavelmente, nos acostumamos a ler as Escrituras como se fossem uma revista, um folheto ou um jornal.

No entanto, a realidade é que as Escrituras não foram feitas para serem lidas superficialmente, mas para serem examinadas cuidadosamente. Enquanto continuarmos apenas lendo, continuaremos cometendo más interpretações que geram ignorância no povo de Deus.

"A ninguém na terra chameis vosso pai, porque um só é o vosso Pai, o qual está nos céus." Mateus 23:9 (JFA)

Para entender esse versículo, é essencial conhecer o contexto, a audiência e o motivo pelo qual Jesus falou. A maioria de Sua audiência era de judeus que falavam hebraico. Nossa tradução vem do grego, mas para compreender melhor o significado original, deveríamos consultar uma versão em hebraico. Quando buscamos uma Bíblia com orientação hebraica, o contexto real diz o seguinte:

"Nem procureis que os homens vos considerem 'Pai de Israel', porque um só é o vosso Pai, o celestial."(Tomado da Versão Textual Hebraica, Terceira Edição)

O que Jesus estava dizendo é que não devemos buscar ser chamados Abba de Israel. Em nenhum momento a intenção foi proibir chamar alguém de "pai" na terra, porque se tomássemos isso de forma literal, nem poderíamos chamar nosso pai biológico de "pai".

Outro ponto a considerar é que os capítulos da Bíblia geralmente têm um título que faz referência ao tema ou a quem é dirigido. Nesse caso, na Bíblia Almeida, o título desse capítulo é: "A hipocrisia dos escribas e fariseus," indicando que todo o capítulo é uma condenação direta ao sistema dos escribas e fariseus.

O capítulo começa dizendo: "Na cadeira de Moisés estão assentados os escribas e fariseus" (Mateus 23:2). Isso se refere à cadeira na sinagoga de onde os escribas e fariseus ensinavam e era considerada uma posição de autoridade. O que se ensinava dessa cadeira era considerado correto. Por isso, os escribas e fariseus a usavam.

Se continuarmos lendo o restante do capítulo, veremos que Jesus condena as práticas desse sistema. No versículo oito, diz:

"Vós, porém, não queirais ser chamados Rabi, porque um só é o vosso Mestre, a saber, o Cristo, e todos vós sois irmãos."
Mateus 23:8

Aqui, Ele diz para não chamarmos ninguém de "mestre". Se tomarmos isso literalmente, então teríamos que eliminar o que está escrito em Efésios 4:11, onde Jesus constituiu mestres como parte dos cinco ministérios. No versículo dez, Ele acrescenta:

"Nem vos chameis guias, porque um só é o vosso Guia, que é o Cristo."
Mateus 23:10

O que isso significa? Os judeus consideravam Moisés seu guia ou libertador, mas não aceitavam Jesus como seu libertador. Eles celebravam que Moisés os tirou do Egito, mas Moisés nunca conseguiu libertá-los da mentalidade de escravos. O restante do capítulo deixa claro como os escribas e fariseus manipulavam o povo, exigindo coisas que eles mesmos não estavam dispostos a fazer.

É hora de examinar corretamente os versículos bíblicos para não cairmos nos erros do passado. Um único versículo não pode contradizer toda a Escritura, fundamentada no princípio e designo da paternidade. A partir de hoje, não use mais Mateus 23:9 como uma desculpa para não viver sob o designo da paternidade. Precisamos estudar e examinar corretamente para nos livrarmos do mau hábito de pegar um versículo descontextualizado e usá-lo sem entender seu verdadeiro significado.

16

O Novo Nascimento

Vamos começar este capítulo definindo o que realmente é o novo nascimento. Durante muito tempo, o ato de receber Jesus como salvador tem sido considerado como um novo nascimento. No entanto, a realidade é que se trata de um processo de crescimento em etapas, envolvendo transformação e maturidade, até se alcançar o verdadeiro novo nascimento, quando a essência de Cristo se manifesta completamente em nós.

O primeiro passo é entender que somos pecadores e que precisamos de Jesus como nosso perdoador e salvador. Quando o aceitamos, passamos de não crentes a crentes. Depois, podemos tomar livre e voluntariamente a decisão de nos tornarmos discípulos. Em seguida, por decisão própria, podemos escolher ser regenerados e nos tornarmos filhos. Isso é realmente o novo nascimento. Não há maneira de manifestar um novo nascimento sem que antes ocorra uma morte. É preciso morrer para renascer.

Nas Escrituras, encontramos um exemplo bastante claro do que é o novo nascimento.

"E havia entre os fariseus um homem, chamado Nicodemos, príncipe dos judeus. Este foi ter de noite com Jesus e disse-lhe: Rabi, bem sabemos que és Mestre, vindo de Deus, porque ninguém pode fazer estes sinais que tu fazes, se Deus não for com ele.

Jesus respondeu: na verdade, na verdade, te digo que aquele que não nascer de novo não pode ver o Reino de Deus. Disse-lhe Nicodemos: Como pode um homem nascer, sendo velho? Porventura, pode tornar a entrar no ventre de sua mãe e nascer? Jesus respondeu: Na verdade, na verdade, te digo que aquele que não nascer da água e do Espírito não pode entrar no Reino de Deus. O que é nascido da carne é carne, e o que é nascido do Espírito é espírito. Não te maravilhes de te ter dito: necessário vos é nascer de novo. O vento assopra onde quer, e ouves a sua voz, mas não sabes de onde vem, nem para onde vai; assim é todo aquele que é nascido do Espírito.

Nicodemos respondeu e disse-lhe: Como pode ser isso? Jesus respondeu e disse-lhe: tu és mestre de Israel e não sabes isto? Na verdade, na verdade, te digo que nós dizemos o que sabemos e testificamos o que vimos; e não aceitais o nosso testemunho. Se vos falei de coisas terrestres, e não crestes, como crereis, se vos falar das celestiais?"
João 3:1-9

Essa história de Jesus e Nicodemos é um exemplo claro do que significa o novo nascimento. Nicodemos, um príncipe dos judeus, possivelmente membro ativo do Sinédrio, era bem preparado no conhecimento da Torá. No entanto, ele veio ver Jesus à noite, talvez porque quisesse se esconder daqueles que o respeitavam como mestre, para que não soubessem da sua sede por conhecer o que Jesus falava, modelava e manifestava da parte do Pai. Isso havia chamado sua atenção e impactado sua vida. Ou ainda, a noite também poderia simbolizar a condição escura de seu coração.

Nicodemos estava maravilhado com o que Jesus fazia e disse: "Ninguém pode fazer estas coisas, se Deus não for com ele". A resposta de Jesus foi surpreendente, dizendo que "aquele que não nascer de novo não pode ver o Reino de Deus". Em outras palavras, Jesus explicou a Nicodemos que o que Ele fazia só podia ser manifestado e estabelecido por filhos nascidos dentro do âmbito e da dimensão do Reino.

O conceito de "nascer de novo" vem do grego "anothen", que tem dois significados: "de novo" e "do alto". Isso indica que o novo nascimento não está apenas ligado a um âmbito celestial, mas também a um âmbito terreno.

Ao ouvir essas palavras, Nicodemos se prendeu ao âmbito natural, enquanto Jesus queria levá-lo ao espiritual. Nicodemos perguntou: "Como pode um homem nascer sendo velho? Pode ele voltar ao ventre de sua mãe e nascer?" Com essa resposta, Nicodemos revelou uma compreensão importante: ele entendeu que um novo nascimento só pode ocorrer através de morrer e ser regenerado. Nicodemos via tudo pelo prisma da religiosidade e do sistema ao qual pertencia, enquanto Jesus o convidava a ver o Reino a partir da perspectiva de Filho.

Jesus continuou dizendo: "Aquele que não nascer da água e do Espírito não pode entrar no Reino de Deus". Muitas vezes, esse versículo tem sido interpretado ligando a água ao batismo, mas a realidade é que ninguém nasce de novo apenas por ser batizado. A água aqui está relacionada ao ato do nascimento físico, quando a bolsa de água se rompe antes do nascimento. A água é o anúncio de que uma nova criatura está prestes a nascer.

Quando Jesus falou do Espírito, Ele se referiu ao espírito do filho, o mesmo que o primeiro Adão perdeu quando pecou. A primeira afirmação de Jesus foi que era necessário nascer para ver o Reino. A segunda conectava a água e o Espírito à entrada no Reino. A terceira estava ligada ao nascimento necessário para entrar.

Muitas pessoas desejam ver o Reino, mas se contentam com isso. Outros desejam a plenitude e estão dispostos a morrer para o que são a fim de entrar na dimensão do Reino. Nicodemos representa aqueles que não estão dispostos a morrer para o que aprenderam e conhecem porque desfrutam de um status em seu ambiente. No entanto, só quando morremos para o conhecido e o tradicional é que podemos ver e entrar no Reino de Deus.

A mensagem é clara: "O Reino dos céus está próximo". A pergunta é: você quer entrar? O que é nascido da carne é carne, e o que é nascido do Espírito é espírito. Todos aqueles que nasceram da genética do primeiro Adão são carne, mas aqueles que morreram com Cristo e foram regenerados através de um novo nascimento, nascem do Espírito do Filho.

Nicodemos não estava disposto a morrer para o sistema que conhecia para ser regenerado no Reino. Ele precisava de um pai na terra para guiá-lo nesse processo. Mais tarde, vemos que Nicodemos desaparece e só reaparece ao lado de José de Arimateia para honrar Jesus após Sua morte.

Nicodemos se alimentou de Jesus, mas não O honrou em vida. Muitos hoje sofrem da "síndrome de Nicodemos": sabem que precisam ser regenerados, mas não estão dispostos a morrer para o que são, a fim de serem "gerados de novo". Não espere alguém morrer para honrá-lo em seu funeral. Aprenda a honrar aqueles que investem em você enquanto estão vivos.

17

De Perseguidor a Pai

Há muito o que podemos falar sobre um homem chamado Paulo. Sua história, seus escritos, sua paternidade, sua paixão e compromisso são comoventes. Ele marcou a vida de milhões de pessoas ao longo da história. É fascinante pregar e ensinar sobre suas cartas e seu exemplo. Falar sobre a Graça que ele pregou é algo que muitos amam e outros detestam.

Uma das coisas mais interessantes e importantes sobre o apóstolo Paulo é entender quem ele era antes de ser conhecido como Paulo. É crucial conhecer sua vida passada, de onde veio e o que ele teve que deixar para alcançar o que alcançou. Tudo começou com Saulo, o grande perseguidor da Igreja.

"E Saulo, respirando ainda ameaças e mortes contra os discípulos do Senhor, dirigiu-se ao sumo sacerdote, e pediu-lhe cartas para as sinagogas em Damasco, a fim de que, se encontrasse alguns daquela seita, quer homens, quer mulheres, os conduzisse presos a Jerusalém.

E, indo no caminho, aconteceu que, chegando perto de Damasco, subitamente o cercou um resplendor de luz do céu. E, caindo em terra, ouviu uma voz que lhe dizia: Saulo, Saulo, por que me persegues? E ele disse: Quem és, Senhor? E disse o Senhor: Eu sou Jesus, a quem tu persegues; dura coisa te é recalcitrar contra os aguilhões.

E ele, tremendo e atônito, disse: Senhor, que queres que faça? E disse-lhe o Senhor: Levanta-te e entra na cidade, e lá te será dito o que te convém fazer. E os homens, que iam com ele, pararam espantados, ouvindo a voz, mas não vendo ninguém. E Saulo levantou-se da terra e, abrindo os olhos, não via a ninguém. E, guiando-o pela mão, o conduziram a Damasco. E esteve três dias sem ver, e não comeu, nem bebeu." Atos 9:1-9

"Saulo, respirando ameaças de morte contra os discípulos" não é uma simples expressão. Na verdade, é uma maneira de descrever a grande raiva e julgamento que Saulo sentia contra aqueles que, aos seus olhos, estavam fazendo algo contra Deus. Embora os discípulos estivessem fazendo o que era certo, o sistema religioso da época os considerava errados. Os discípulos anunciavam as boas novas do Evangelho do Reino, mas continuamente enfrentavam aqueles que perseguiam tudo o que Jesus, o Messias, havia ensinado, pois isso representava uma ameaça às doutrinas religiosas estabelecidas.

Saulo estava em busca de cartas que lhe dessem autorização para continuar a perseguição, prisão ou até mesmo a morte daqueles que seguiam "O Caminho" (Jesus). E é precisamente nessa jornada, quando ele se aproximava de Damasco, que se depara com um "de repente" divino.

Uma luz poderosa do céu brilhou ao seu redor, e Saulo caiu no chão. Ele ouviu uma voz que o chamava pelo nome, e essa voz era de Jesus, a quem Saulo perseguia. Este encontro tem um valor impressionante. O encontro não foi com o Pai, mas com o Filho, porque era aos discípulos do Filho que Saulo perseguia.

A maior ameaça para as trevas não são os congregantes, nem os evangélicos, nem as denominações, mas os filhos. Esse encontro com a luz (Jesus), que aconteceu ao meio-dia, quando o sol estava em seu máximo esplendor, foi tão forte que Saulo disse que era mais brilhante que o próprio sol:

"Ocupado com isto, ia eu a Damasco, com poder e comissão dos principais dos sacerdotes. Ao meio-dia, ó rei, vi no caminho uma luz do céu, que excedia o resplendor do sol, a qual resplandeceu ao redor de mim e dos que iam comigo." Atos 26:12-13

As Escrituras narram que o encontro com a luz fez com que Saulo ficasse cego. No entanto, podemos dizer que a luz apenas expôs a verdadeira condição de Saulo: ele já estava espiritualmente cego. Quando uma luz se acende, o que não era visto começa a ser revelado, e é por isso que é tão importante ser iluminado dentro do designo.

Saulo ficou cego por três dias, mas o Pai já havia preparado Ananias para ir até ele e resgatá-lo dessa condição. Ananias recebeu instruções e, em obediência, foi até onde Saulo estava, impôs-lhe as mãos e, imediatamente, algo como escamas caiu dos olhos de Saulo, e ele recuperou a visão. Não sabemos o que passou pela mente de Saulo durante esses três dias sem enxergar. Só sabemos que algo nele morreu e algo novo começou a nascer.

Por decisão, Saulo era um perseguidor do Evangelho, mas por designo, ele era um pai chamado Paulo. Não conheceríamos Paulo, a quem são atribuídas treze epístolas no Novo Testamento, se Saulo não tivesse morrido primeiro. O Pai o havia projetado para grandes coisas e com um propósito maravilhoso. Embora tenha tido um encontro direto com Jesus, ele precisou de Ananias para impor-lhe as mãos e restaurar sua visão. Mais tarde, precisou de Barnabé para ser apresentado aos apóstolos e discípulos, e esse mesmo Barnabé o impulsionou no ministério anos depois.

Mais do que um chamado ministerial, não podemos ignorar a necessidade de um pai para impor as mãos, formar, iluminar, impulsionar e direcionar. Todo o processo que Paulo viveu não foi apenas para conhecer Jesus e o Evangelho do Reino, mas para se tornar o pai que o Pai havia designado, um pai que levantaria filhos apóstolos do Reino em sua época. No próximo capítulo, conheceremos mais sobre a função paternal de Paulo e como ele se tornou um modelo do designo de paternidade.

18

Paternidade: de Inútil a Útil

E ste capítulo começa com uma cena de prisioneiros. Temos o apóstolo Paulo, que, junto com seu filho Timóteo, cumpre uma sentença por pregar as boas novas do Evangelho do Reino. A esta história se somam dois personagens: Filemom e Onésimo. O primeiro é um homem bem-sucedido da época, para quem o apóstolo Paulo escreve a carta de Filemom.

O segundo é um homem preso na mesma cadeia onde Paulo e Timóteo se encontram. Não sabemos a razão exata, mas alguns estudiosos afirmam que Onésimo roubou seu senhor Filemom. Outros dizem que ele fugiu da casa de Filemom, onde servia como escravo. O que realmente importa aqui não é o motivo de sua prisão, mas o que aconteceu enquanto cumpria sua condenação.

De todas as cartas que Paulo escreveu, a mais curta e a que mais gosto é a que vamos examinar agora, a de Filemom. É um capítulo curto, mas, do começo ao fim, está profundamente conectado ao designo da paternidade. Esta carta foi escrita no momento em que Onésimo estava para terminar sua pena e precisava voltar à casa de seu senhor Filemom. Por isso, Paulo decide escrever e enviar esta carta.

"Paulo, prisioneiro de Jesus Cristo, e o irmão Timóteo, ao amado Filemom, nosso cooperador." Filemom 1:1 (JFA)

Esta carta não mostra apenas um pai escrevendo, mas o simples fato de incluir seu filho Timóteo demonstra o grau de conexão entre eles. Ou seja, não é uma carta escrita só por um pai, mas conta com o apoio de um filho que nunca para de aprender.

"Graças dou ao meu Deus, lembrando-me sempre de ti nas minhas orações, ouvindo o teu amor e a fé que tens para com o Senhor Jesus Cristo e para com todos os santos; para que a comunicação da tua fé seja eficaz no conhecimento de todo o bem que em vós há por Cristo Jesus. Pois, ó irmão, o teu amor nos trouxe grande alegria e consolação, porque por ti os corações dos santos têm sido reanimados." Filemom 1:4-7 (JFA)

Paulo lembra a Filemom que ele ora por ele e agradece por ouvir sobre seu amor e fé para com Jesus e os irmãos. No versículo sete, Paulo está muito consciente e grato pelo trabalho que Filemom tem realizado, destacando que, por meio dele, os corações dos santos foram reanimados.

"Por isso, ainda que tenha em Cristo grande confiança para te ordenar o que convém, todavia, peço-te antes por amor, sendo eu tal como sou, Paulo, o velho e também agora prisioneiro de Jesus Cristo; peço-te por meu filho Onésimo, que gerei nas minhas prisões; o qual, noutro tempo, te foi inútil, mas agora, a ti e a mim, muito útil. Eu te tornei a enviá-lo; e tu, torna a recebê-lo como às minhas entranhas."
Filemom 1:8-12 (JFA)

Paulo lembra que, embora pudesse dar ordens como apóstolo, prefere pedir a Filemom por amor, pedindo que receba seu filho Onésimo. Este homem chegou à prisão como mais um criminoso. Não sabemos se tinha pai ou família, mas sabemos que, na prisão, encontrou um pai chamado Paulo, um irmão chamado Timóteo e um designo chamado paternidade.

Onésimo pôde ver como esse designo se manifestava na vida de seus companheiros de prisão, sem necessidade de plataformas ou estruturas. Bastou a fome de um filho e o coração de um pai para que ele fosse regenerado com a semente do Reino. Por isso Paulo o chama de "meu filho". Ele lembra a Filemom que Onésimo, que antes era inútil, agora se tornou útil.

É interessante que o nome Onésimo significa "útil", mas ele não fazia jus ao seu nome. Ao encontrar Paulo, seus dias de inutilidade acabaram. Agora, Paulo diz a Filemom: "Eu te envio Onésimo, mas, na verdade, eu te envio as minhas próprias entranhas. Sou eu que estou chegando contigo através dele".

"Eu bem o quisera conservar comigo, para que, por ti, me servisse nas prisões do evangelho; mas nada quis fazer sem o teu parecer, para que o teu benefício não fosse como por força, mas, voluntário.

Porque bem pode ser que ele se tenha separado de ti por algum tempo, para que o retivesses para sempre, não já como servo, antes, mais do que servo, como irmão amado, particularmente de mim, e quanto mais de ti, tanto na carne como no Senhor." Filemom 1:13-16 (JFA)

A transformação de Onésimo foi tão radical que Paulo quis mantê-lo consigo para que representasse Filemom, mas, com seu alto código de honra, Paulo reconheceu que Onésimo ainda pertencia a Filemom. Ele sugere que a separação temporária foi necessária para que Onésimo encontrasse um pai que provocasse uma mudança permanente em sua vida. Paulo adverte Filemom a receber Onésimo não mais como servo, mas como irmão, e deveria ser recebido na casa principal, onde os filhos dormem.

"Assim, se me tens por companheiro, recebe-o como a mim mesmo. E, se te fez algum dano ou te deve alguma coisa, põe isso à minha conta. Eu, Paulo, de minha própria mão o escrevi: eu o pagarei, para não te dizer que ainda mesmo a ti próprio a mim te deves. Sim, irmão, eu me regozijarei de ti no Senhor; reanima-me o coração no Senhor."
Filemom 1.17-20 (JFA)

Paulo intercede novamente por seu filho, pedindo a Filemom que o receba como se fosse o próprio Paulo. Ele vai ainda mais longe, oferecendo-se para pagar qualquer dívida ou dano entre eles. Um pai não só trabalha pelo futuro de seus filhos, mas também intervém no passado deles para limpar seu caminho.

O designo de paternidade sempre traz avanço. Deus olha para o coração e atitude, não para os erros. Levante-se, há um pai designado para você e sua geração. Se o passado não te impediu, também não te segurará agora. Deixe-o ir!

19

Paulo, o Modelo de Paternidade

Todos conhecemos a grandeza da missão encomendada a Paulo. Seus anos como perseguidor haviam chegado ao fim, e agora lhe correspondia ser o perseguido. Por muito tempo, ele perseguiu aqueles que falavam a verdade, baseando-se em uma mentira.

Agora, portando a verdade, era ele quem estava sendo perseguido por aqueles que propagavam uma mentira. Falar, ensinar e pregar com ousadia sobre a verdade da Graça e do Evangelho do Reino lhe causava a mais cruel e intensa perseguição. Viver sob a escravidão e defendê-la é um ato que não faz sentido, mas que se justifica através da ignorância. Como filhos, temos o pleno direito de viver em liberdade e não apenas isso, mas também de dar liberdade aos cativos.

"O Espírito do Senhor é sobre mim, pois que me ungiu para evangelizar os pobres; enviou-me a curar os quebrantados do coração, a pregar liberdade aos cativos, e restauração da vista aos cegos, a pôr em liberdade os oprimidos." Lucas 4.18 (JFA)

A liberdade é para os filhos e só pode ser dada através dos filhos. A forma mais severa de escravidão não é a física, mas sim aquela que nos aprisiona mentalmente e não nos permite avançar. É a falta de identidade que tem limitado gerações inteiras. Por isso é necessário abrir o entendimento. Não podemos continuar defendendo sistemas de escravidão. Rompê-los será possível através da abertura de nossa mente. Precisamos da revelação da paternidade. Somos filhos. Não podemos viver ignorantes ao sacrifício de um filho chamado Jesus, o Messias. Acredito que a ignorância é a mãe da desgraça.

Naquela época, as pessoas estavam divididas entre judeus e gentios. Se você não pertencia ao povo judeu, não era digno de nada, não era bem-vindo e não tinha direitos. Tudo no mundo judeu estava conectado a viver sob a lei. Muitos daqueles que já haviam conhecido a Graça que Paulo pregava, em algumas ocasiões eram apontados e seduzidos por esses grupos de judeus que, com astúcia, pretendiam arrastá-los de volta às tradições e rudimentos da lei. O apóstolo Paulo recebeu a incumbência de ser o precursor do Evangelho da Graça.

"Por esta causa, eu, Paulo, sou o prisioneiro de Cristo Jesus por vós, os gentios; se é que tendes ouvido a dispensação da graça de Deus, que para convosco me foi dada; como me foi este mistério manifestado pela revelação, como antes um pouco vos escrevi." Efésios 3.1-3 (JFA)

Graça não é outra coisa senão o favor imerecido do Pai para nós. Não é um ato meramente acrescentado ao Novo Pacto, mas sim a essência do coração paternal do Eterno. Como mencionamos em capítulos anteriores, desde o princípio, as Escrituras nos mostram e ensinam sobre a Graça, que existia ainda antes da lei. Como exemplo, temos o primeiro Adão, Noé, Moisés e Miriam (Maria), que carregou Jesus, o Messias, em seu ventre e o trouxe ao mundo no lugar designado para seu nascimento.

A primeira manifestação de Graça ocorre quando dois filhos chamados Adão pecam por decisão, e o Pai imediatamente estabelece um plano para resgatá-los. Em seguida, os cobre temporariamente com peles de animais. Tudo isso com a intenção de que, no tempo determinado, Ele enviaria Seu único Filho à terra para que, por essa mesma Graça, previamente manifestada, aqueles que haviam entrado na condição de servos e ovelhas pudessem retornar à posição de filhos.

A Graça, desde o princípio, não estava conectada apenas à salvação, mas a devolver ao homem seu estado original, o qual ele não merecia. Devemos lembrar que os pecados podiam ser expiados através do sacrifício de animais, mas nenhum sacrifício de animal podia devolver ao homem e à mulher sua posição de filhos. Por isso o Pai enviou Seu único Filho para nos devolver ao início.

Paulo recebeu a incumbência de pregar essa Graça, mas também de reproduzir essa essência através dos filhos que saíam de suas entranhas. Pregar sem reproduzir é um ato de total ignorância e irresponsabilidade. A falta de revelação sobre a paternidade tem levado a que grandes homens e mulheres, com missões de mover o mundo, morram e com sua morte termine todo o movimento. O Pai é geracional, e sua essência e design não mudaram. O que Ele estabeleceu desde o princípio foi seu modelo para a humanidade.

O apóstolo Paulo se tornou um reprodutor desse design. Seu modelo como pai afetou a vida de muitas pessoas e gerações. Muitos o verão como um grande apóstolo, mas para mim, seu maior atributo foi levantar uma geração de filhos apóstolos, entre eles Timóteo, Tito e Onésimo, entre outros. De nada serve ser o melhor em qualquer área, ministério ou missão, se não podemos reproduzi-la em outros como filhos.

É crucial entender que a verdadeira função de um pai é fazer com que os filhos designados alcancem seu destino. Os filhos não são os facilitadores de minha visão; eles apenas facilitam que eu possa exercer corretamente minha função de pai, sabendo que tudo o que um pai recebe sempre será a herança dos filhos. Nem tudo o que aconteceu na vida de Paulo está narrado nas Escrituras, mas é impossível que aquilo que Paulo era não se tenha reproduzido em seus filhos.

Tomemos o exemplo de Paulo como pai e reproduzamos paternidade.

20

A Ordem do Corpo

Embora o homem tenha sido formado no sexto dia da criação, ele já existia na mente do Pai mesmo antes da criação. Seu plano foi que, através do designo, tudo tomasse forma e ordem. O homem foi designado dentro do modelo da paternidade para ser quem estabeleceria o Reino e governaria sobre todas as coisas.

O primeiro Adão recebeu instruções específicas sobre sua função na terra que lhe foi atribuída, e tudo isso porque, no Pai, tudo está projetado para funcionar dentro da ordem do Reino. Quando o primeiro Adão falhou, tudo ficou fora de seu governo; agora ele caminhava em sua condição e fora de sua posição. O Pai estabeleceu e decretou a sentença à serpente, mas também a restauração de todas as coisas, por meio do segundo Adão, que tomaria a condição do primeiro Adão para assim libertá-lo e restaurá-lo à ordem do designo da paternidade, para que ele reinasse e governasse novamente.

Jesus, o Messias, já veio à terra, realizou e cumpriu sua missão e função. Aqueles que o recebem e nascem de novo dentro do designo do Pai vivem na plenitude do Reino. Como Igreja, somos o Corpo de Cristo, e ele é nossa cabeça. No entanto, gerações passaram, e a Igreja continua em um suposto avanço, mas sem resultados concretos. Todos os dias, milhares de igrejas se abrem em todo o mundo. Elas podem estar bem estruturadas dentro do sistema que concílios ou grupos estabeleceram, mas não necessariamente operam dentro do designo do Pai. Foram levantados lugares que atendem às expectativas daqueles que desconhecem ou ignoram o propósito do Criador, mas estão longe de agradar ao Pai que originou o designo. Agora vejamos, através das Escrituras, qual é a ordem do Pai para operar como Corpo de Cristo.

"Rogo-vos, pois, eu, o prisioneiro no Senhor, que andeis de modo digno da vocação com que fostes chamados, com toda humildade e mansidão, com longanimidade, suportando-vos uns aos outros em amor, procurando guardar a unidade do Espírito pelo vínculo da paz: há um só corpo e um só Espírito, como também fostes chamados numa só esperança da vossa vocação; um só Senhor, uma só fé, um só batismo; um só Deus e Pai de todos, o qual é sobre todos, e por todos e em todos vós. Mas a graça foi dada a cada um de nós segundo a medida do dom de Cristo." Efésios 4:1-7 (JFA)

Vemos nesses versículos de Efésios a ordem estabelecida para operar como Corpo de Cristo. Começamos estabelecendo Deus Pai, que está sobre todos, por todos e em todos. Depois, temos dentro dessa ordem o Messias, que veio à terra em seu papel de Filho para resgatar o homem de sua condição e restabelecê-lo em sua posição. A Igreja precisa entender de uma vez por todas essa poderosa verdade sobre a intenção do Pai ao entregar seu único Filho. Agora vamos seguir com os versículos seguintes:

"Por isso diz: Subindo ao alto, levou cativo o cativeiro, e deu dons aos homens. Ora, isto – ele subiu – que é, senão que também antes tinha descido às partes mais baixas da terra? Aquele que desceu é também o mesmo que subiu acima de todos os céus, para cumprir todas as coisas. E ele mesmo deu uns para apóstolos, e outros para profetas, e outros para evangelistas, e outros para pastores e doutores."
Efésios 4:8-11 (JFA)

Esses versículos fazem referência a Jesus, o Messias, e à obra que ele realizou ao vir à terra. Ele levou cativo o cativeiro e deu dons aos homens. Ele carregou nossa culpa, removeu a condenação, acabou com a maldição e perdoou nossos pecados. Pela graça, também deu dons aos homens. Agora observe: ele mesmo deu: uns para apóstolos; outros para profetas; outros para evangelistas; e outros para pastores e mestres. Esses são os cinco ministérios que Cristo instituiu, e embora sempre tenha havido resistência a alguns deles, especialmente ao apostólico e ao profético, a resistência contra esses ministérios não prosperou.

A má e superficial interpretação de vários versículos trouxe confusão e atraso ao avanço do Corpo de Cristo. Cremos firmemente que os cinco ministérios fazem parte do plano do Pai, mas precisam ser constituídos dentro da ordem e do designo. A paternidade espiritual não é um ministério, é um designo, e foi a primeira coisa que o Pai estabeleceu antes mesmo de formar o homem.

Sabemos que os cinco ministérios foram instituídos por Cristo, e ele pôde fazer isso porque era um Filho em legalidade e legitimidade, não apenas por ser Filho de Deus, mas porque era filho de Davi, filho de José e se submeteu à autoridade de João Batista, mesmo sendo um homem sem pecado.

A ordem estabelecida é que os cinco ministérios operem sob o designo da paternidade. O problema até hoje é que temos um mundo cheio de igrejas onde pessoas exercem esses cinco ministérios, mas não vivem sob o designo da paternidade. Apóstolos ungindo outros, pastores ungindo outros, concílios com presbíteros ungindo outros, sob a desculpa de que são filhos de Deus. Jesus, o Messias, era Filho do Altíssimo, mas isso não o isentou de ser filho de Davi, filho de José e de se submeter à autoridade de João Batista. Cinco ministérios estabelecidos por um Filho... E você, é filho?

Então, para que precisamos da paternidade como desenho e dos cinco ministérios? Paulo respondeu o seguinte:

"Querendo o aperfeiçoamento dos santos, para a obra do ministério, para edificação do corpo de Cristo," Efésios 4:12 (JFA)

Até quando são vigentes e necessários a paternidade e os cinco ministérios?

"Até que todos cheguemos à unidade da fé e do conhecimento do Filho de Deus, a homem perfeito, à medida da estatura completa de Cristo." Efésios 4:13 (JFA)

Veja que a intenção é que cheguemos ao pleno conhecimento do Filho, à plenitude de Cristo (Filho). Para quê? Aqui está a resposta:

"Para que não sejamos mais meninos inconstantes, levados em roda por todo vento de doutrina, pelo engano dos homens que, com astúcia, enganam fraudulosamente. Antes, seguindo a verdade em amor, cresçamos em tudo naquele que é a cabeça, Cristo, do qual todo o corpo, bem ajustado e ligado pelo auxílio de todas as juntas, segundo a justa operação de cada parte, efetua o seu crescimento para edificação de si mesmo em amor." Efésios 4:14-16 (JFA)

Este versículo nos chama à maturidade espiritual, evitando a inconstância e o engano, sendo firmes na verdade. Ele enfatiza que o crescimento verdadeiro acontece em Cristo, à medida que todo o corpo coopera em unidade para edificação mútua através do amor.

21

Mais Paternidade Através das Escrituras

Os livros de 1, 2 e 3 João nos mostram mais um exemplo do designo da paternidade. Embora existam diferentes opiniões sobre o autor das três epístolas, a maioria dos estudiosos as atribui ao apóstolo João, devido às semelhanças com o Evangelho de João, referente ao princípio e à maneira como se fala sobre o Verbo. Independentemente do autor, as epístolas apresentam uma linguagem de paternidade significativa que não podemos ignorar.

Começa nos falando sobre o princípio e sobre a vida que lhes havia sido manifestada e que eles tinham visto: a vida do Filho, Jesus o Messias. Fala de sua experiência, do que tinha visto e da comunhão entre o Pai e o Filho. Tudo isso que nos é narrado e que eles viveram, é origem.

"O que era desde o princípio, o que ouvimos, o que vimos com os nossos olhos, o que temos contemplado e as nossas mãos tocaram da Palavra da vida (porque a vida foi manifestada, e nós a vimos e testificamos dela, e vos anunciamos a vida eterna, que estava com o Pai e nos foi manifestada), o que vimos e ouvimos, isso vos anunciamos, para que também tenhais comunhão conosco; e a nossa comunhão é com o Pai e com seu Filho, Jesus Cristo. Estas coisas vos escrevemos para que o nosso gozo seja completo." 1 João 1:1-4 (JFA)

João não falava do que tinha ouvido, mas do que havia vivido. Sua intenção era reproduzir a essência que recebeu do Filho a todos aqueles com quem se conectava. Pregar a verdade da Graça manifestada por Jesus, o Messias, era sua missão e seu deleite. Liberar os filhos do fardo imposto pela lei foi sua intenção no início desta epístola.

"Filhinhos meus, estas coisas vos escrevo para que não pequeis; e, se alguém pecar, temos um Advogado para com o Pai, Jesus Cristo, o justo. E Ele é a propiciação pelos nossos pecados, e não somente pelos nossos, mas também pelos de todo o mundo." 1 João 2:1-2 (JFA)

Observe como ele se dirige àqueles que lhe foram confiados: "Filhinhos meus". O tratamento paternal de João para com seus filhos revela o designo ao qual ele mesmo foi exposto e o modelo que recebeu de Jesus.

"Filhinhos, escrevo-vos porque, pelo seu nome, os vossos pecados foram perdoados. Pais, escrevo-vos porque conhecestes aquele que é desde o princípio. Jovens, escrevo-vos porque vencestes o maligno. Filhinhos, escrevi-vos porque conhecestes o Pai. Pais, escrevi-vos porque conhecestes aquele que é desde o princípio.

Jovens, escrevi-vos porque sois fortes, e a palavra de Deus está em vós, e já vencestes o maligno. Não ameis o mundo, nem o que no mundo há. Se alguém ama o mundo, o amor do Pai não está nele."
1 João 2:12-15 (JFA)

Nesta passagem, ele fala sobre as etapas de cada pessoa em seu novo nascimento e desenvolvimento. Começa escrevendo aos filhinhos, depois faz referência aos pais (em letras minúsculas). Continua escrevendo aos "filhinhos que conhecestes o Pai" (letra maiúscula). Nesse mesmo versículo, ele volta a fazer referência aos pais (em letras minúsculas). Depois, ele fala aos jovens (crescimento).

A razão pela qual destaco essas diferenças na forma de escrever a palavra "pai" está no fato de podermos ver quando se refere ao Pai (maiúsculo) e quando se fala dos pais (minúsculo). Isso mostra que ambos estão conectados no e através do designo. O Pai estabeleceu um filho (o primeiro Adão) e o converteu em pai, para que através dele Sua essência fosse reproduzida. O pecado do primeiro Adão não anulou o designo original, pois por meio de Jesus, o Messias (o segundo e último Adão) o Pai restaurou o homem ao seu designo original. A seguir, alguns versículos onde continuamos vendo como João falava com seus filhos espirituais:

"Filhinhos, é já a última hora; e, como ouvistes que vem o anticristo, também agora muitos anticristos têm surgido; por isso sabemos que é já a última hora." 1 João 2:18 (JFA)

"E agora, filhinhos, permanecei nele; para que, quando ele se manifestar, tenhamos confiança e não sejamos confundidos por ele na sua vinda." 1 João 2:28 (JFA)

"Vede que grande amor nos tem concedido o Pai, a ponto de sermos chamados filhos de Deus; e, de fato, somos filhos de Deus. Por isso o mundo não nos conhece, porque não o conheceu. Amados, agora somos filhos de Deus, e ainda não se manifestou o que havemos de ser. Mas sabemos que, quando ele se manifestar, seremos semelhantes a ele, porque assim como é o veremos." 1 João 3:1-2 (JFA)

A grandeza do amor do Pai não se manifesta em sermos servos e ovelhas, mas em podermos ser chamados filhos!

"Filhinhos, ninguém vos engane. Quem pratica a justiça é justo, assim como ele é justo." 1 João 3:7 (JFA)

"Nisto são manifestos os filhos de Deus e os filhos do diabo: qualquer que não pratica a justiça e não ama a seu irmão não é de Deus." 1 João 3:10 (JFA)

"Filhinhos, não amemos de palavra, nem de língua, mas por obra e em verdade." 1 João 3:18 (JFA)

"Filhinhos, sois de Deus e já os tendes vencido, porque maior é aquele que está em vós do que aquele que está no mundo." 1 João 4:4 (JFA)

"Filhinhos, guardai-vos dos ídolos." 1 João 5:21 (JFA)

"Muito me alegrei por achar que alguns de teus filhos andam na verdade, assim como recebemos o mandamento do Pai." 2 João 1:4 (JFA)

"Não tenho maior gozo do que este: o de ouvir que os meus filhos andam na verdade." 3 João 1:4 (JFA)

Voltemos ao designo, voltemos à origem!

Sobre o Autor

APÓSTOLO RAFAEL MOJICA

J unto com sua esposa Claribel, são os fundadores e apóstolos de Nación De Fe, com sede principal na cidade de Kissimmee, Flórida. Atualmente, sua rede de mais de 100 igrejas se estende por 15 países e 14 estados da América do Norte. Fundador da Escola de Paternidade Online, da Rede Apostólica Internacional "The Father Children Design" e anfitrião da Conferência Internacional Rompiendo Los Esquemas. Ele é um pregador apaixonado da mensagem do Reino de Deus e da Paternidade Espiritual, transmitida semanalmente pela televisão, rádio e redes sociais a milhares de pessoas. Pai de três filhos e avô de quatro netos, vive atualmente com sua família em Kissimmee, Flórida - EUA.

Made in the USA
Columbia, SC
27 September 2024

43186651R10083